VERBUM
MEDIEN

Freude finden
im Zeitalter des Selbst

genug von mir

Jen Oshman

Mit einem Vorwort von Jen Wilkin

Die Deutsche Nationalbibliothek verzeichnet diese Publikation in der Deutschen Nationalbibliographie; detaillierte bibliographische Daten sind im Internet über dnb.de abrufbar.

Titel des englischen Originals
Enough about Me: Finding Lasting Joy in the Age of Self

Published by Crossway
a publishing ministry of Good News Publishers
Wheaton, Illinois 60187, U.S.A.

Wenn nicht anders angegeben, wurde folgende Bibelübersetzung verwendet
Lutherbibel, revidiert 2017,

Bad Oeynhausen
verbum-medien.de
info@verbum-medien.de

Übersetzung
Janina Janzen

Lektorat
Florian Gostner

Buchgestaltung
Karin Rekowski

Satz
Satz & Medien Wieser

Druck und Bindung
Finidr

1. Auflage 2024
Best.-Nr. 8652 119
ISBN 978-3-98665-119-0
E-Book 978-3-98665-120-6
Hörbuch 978-3-98665-129-9
DOI: 10.54291/n573268993

Solltest du Fehler in diesem Buch entdecken, würden wir uns über einen kurzen Hinweis an *fehler@verbum-medien.de* freuen.

Für Mark

Egal in welcher Lebensphase, in welchem Land oder unter welchen Umständen – du hast immer dafür gesorgt, dass ich aufblühe. Ein großer Teil von Gottes Gnade fließt durch dich in mein Leben. Ich liebe dich.

Inhalt

Vorwort

Hast du während einer Feierlichkeit schon einmal um dich geschaut und festgestellt, dass du nicht elegant genug gekleidet bist? Das ist kein gutes Gefühl, insbesondere, wenn es sich um eine extravagante Hochzeit handelt und du ein Ehrengast bist. Das ist mir vor etwa 10 Jahren bei der Hochzeit eines lieben Freundes unserer Familie passiert. Zwei Tage vor der Hochzeit erreichte uns die Nachricht, dass mein Onkel plötzlich verstorben war. Wir konnten unsere Pläne so anpassen, dass wir es sowohl zur Beerdigung als auch zur Hochzeit schaffen würden. Eine Flugverspätung stellte uns dann aber vor die Wahl, entweder die Trauung zu verpassen oder dort in unserer Beerdigungskleidung zu erscheinen.

Wir entschieden uns, direkt zur Trauung zu fahren und kamen genau vor dem Einzug der Braut an, sodass wir unsere Plätze vor den Augen der festlich gekleideten Versammlung einnehmen mussten. Ich komme ins Schwitzen, wenn ich nur daran denke. Vor der anschließenden Hochzeitsfeier wechselten wir dann schnell in unsere Hochzeitsgarderobe. Und kannst du es dir denken? Kein einziger Gast auf der Hochzeitsfeier hatte unsere Verspätung oder unsere unzureichende Kleidung bei der Trauung überhaupt bemerkt. Natürlich nicht, denn genau so, wie es sein soll, war die Aufmerksamkeit aller auf das prachtvolle Brautpaar gerichtet. Meine Sorgen um die unangemessene Kleidung stellten sich als unnötige Energieverschwendung heraus.

Viele Frauen verlieren ihre Bestimmung und Berufung aus den Augen. In einer Kultur, in der uns gesagt wird, wir seien der Mittelpunkt von jedermanns Geschichte, kann sich jeder Tag wie die Gelegenheit anfühlen, ein auffallend schlecht gekleideter Gast bei einer Veranstaltung zu sein, zu der sich alle anderen besonders schick gemacht haben. Das Vergleichen mit anderen und die Erwartungen, die wir wahrnehmen, bringen uns dazu, uns selbst infrage zu stellen und uns als unzureichend zu betrachten. Über Wochen, Monate und Jahre hinweg leben wir mit der Angst, nicht zu genügen.

Die beste und schönste aller Geschichten – die Geschichte der Bibel, in die wir eingeladen werden –, sieht jedoch keine Hauptrolle für uns vor. Sie platziert uns nicht im Zentrum des Geschehens. Deshalb ist sie auch so gut und so schön.

Die Geschichte handelt von Menschen, die zu einer Hochzeit eingeladen wurden. Tatsächlich kommen diese Menschen sogar gerade von einer Beerdigung. Es ist die Hochzeit von einem Bräutigam (Christus), der unserer uneingeschränkten Aufmerksamkeit würdig ist, und einer Braut (der Kirche), die all unsere Mühe wert ist. Diese Geschichte erinnert uns immer wieder daran, dass wir nicht im Rampenlicht stehen, sondern dass wir unser Leben voller Freude damit verbringen können, die Braut für ihren Ehemann vorzubereiten.

Diese Geschichte möchte Jen Oshman dir erzählen. Deine Erwartungen an das Leben, an dich selbst oder daran, wie andere dich wahrnehmen, mögen Tag für Tag in deinem Kopf herumwirbeln. Es gibt jedoch eine Vision, die viel größer als diese Dinge ist, und die dir von Neuem die Freude an deiner Erlösung schenken kann. Oshman lädt dich zu einer Hochzeit ein, bei der Selbstvergessenheit die angemessene Kleidung ist und die Liturgie von der Herrlichkeit des glücklichen Paares singt. Was erfüllt mehr, als sein Leben mit der Suche nach Selbstverwirklichung zu verbringen? Unser Leben dafür zu verwenden, unseren herrlichen und alles überragenden Gott zu ehren.

Das ist Leben in Fülle. Das ist die beste und schönste aller Geschichten.

Willkommen zur Hochzeitsfeier!

Jen Wilkin

Einleitung

Ich saß erschöpft auf dem Boden meines Zimmers im Studentenwohnheim. Meine Augen brannten, mein Kopf dröhnte und meine Tränendrüsen waren leer geweint. Ich fragte mich, wie ich nur in diese Lage geraten war. Die überwältigende Traurigkeit, die mich plötzlich umhüllte, war mir fremd. Ich war immer glücklich und zufrieden gewesen – gewöhnlich liefen die Dinge gut für mich. Jetzt hingegen konnte ich nicht einmal identifizieren, was der Grund dafür war, so aufgewühlt und niedergedrückt zu sein.

Ich war 18 Jahre alt und genoss das typische erste Studienjahr. Meine Tage waren mit fesselnden Unterrichtsstunden und neuen Freundschaften gefüllt. Worüber kann man da weinen? Dennoch wurde ich wochenlang Tag für Tag von einem Kummer überrollt, der zu Beginn keine Ursache zu haben schien. Ich war einfach traurig.

Jetzt schaue ich mit Dankbarkeit auf diese Tage zurück. Aus heutiger Perspektive sehe ich, dass sie ein gnädiges Geschenk waren – ein Werkzeug in Gottes Hand, das mich ihm näherbrachte. Damals fühlte ich mich allerdings wie unter Wasser. Ich bekam keine Luft mehr und hatte die Orientierung verloren, weil ich so lange angestrengt geschwommen war und doch nicht vorankam. Vielleicht kennst du das auch. Vielleicht hast du schon einmal einen Weg eingeschlagen, ihn mit aller Kraft und großer Anstrengung verfolgt, nur um ein Ziel zu erreichen, dass am Ende gar nicht deinen Vorstellungen entsprach.

Beim Studium erlebte ich zum ersten Mal eine solche Desillusionierung. Es sollte aber nicht das letzte Mal sein. Als junge Ehefrau merkte ich schnell, dass das Eheleben ganz anders war, als ich es mir vorgestellt hatte. Auch mein Einstieg in die Berufswelt war gespickt mit Enttäuschungen. Sogar mein Alltag im christlichen Dienst hatte seine Tiefs. Auch meine Lebensmitte – eine Zeit, die angeblich der Höhepunkt und die Krönung sein sollte – wird den Filmen oder den Vorstellungen nicht gerecht, die ich als junges Mädchen hatte.

Wie oft bist du schon an einem ersehnten Ziel angekommen, nur um festzustellen, dass es nicht gehalten hat, was es versprach? Wir bleiben müde zurück. Zynisch. Enttäuscht von dem, was uns das Leben beschert hat.

In zwei Jahrzehnten Frauenarbeit bin ich dieser Geschichte wieder und wieder begegnet. Meine Freundin Lena wollte immer eine große Familie haben. Jetzt ist sie Mama von fünf kleinen Kindern. Allerdings ist sie frustriert. Sie beklagt, dass ihr Mann nicht im Haushalt hilft und kämpft mit Verhaltensproblemen bei einigen ihrer kleinen Jungs. Eine alleinstehende Freundin, Andrea, ist die Karriereleiter mit Geschick hochgeklettert. Während sie über ein hohes Einkommen verfügt und den Alltag einer Geschäftsfrau schätzt, merkt sie, dass es nicht die ersehnte persönliche Erfüllung bringt. Dann ist da Doris, die scheinbar in allem glänzt: Beruf, Muttersein, Gemeinde – einfach alles. Privat gesteht sie dagegen, dass sie sich überall wie eine Versagerin fühlt. Wenn sie könnte, würde sie am liebsten davonlaufen, und sei es nur für eine kurze Pause und den Versuch, flüchtige Ruhe zu finden.

Diese Geschichten und Eingeständnisse sind nicht nur bei den Frauen bekannt, die im Hauskreis über ihre Sorgen sprechen. Auch außerhalb der Kleingruppe und der Gemeinde wird dieses Phänomen beobachtet. Die heutige Zeit zeugt von einer wachsenden Anzahl verletzter Frauen.

Während ich nicht empfehle, sich bei der Talkshow-Moderatorin Oprah Winfrey Rat zu holen, hat sie den Finger dennoch genau am Pulsschlag der heutigen Frau. Ein Artikel auf Oprah.com mit dem Titel »The New Midlife Crisis« bringt gut auf den Punkt, worüber ich spreche. Der Artikel zitiert eine Studie, der zufolge sich »das Lebensglück der Frauen von Anfang der 70er-Jahre bis Mitte der 2000er-Jahre ›sowohl absolut als auch im Vergleich zur Zufriedenheit von Männern verschlechtert‹ hat. Mehr als eine von fünf Frauen nimmt Antidepressiva.«[1]

Ich stelle das auch in unserer Region fest, wo die psychische Gesundheit von Frauen zu einer großen Herausforderung für den Gesundheitssektor wird. Einem Mitarbeiter des Sozialdienstes zufolge ist die Selbstmordrate unter Frauen hier in den Vororten Denvers auffällig hoch. Ein Freund, der im Rettungsdienst tätig ist, erzählt von zahlreichen Notrufen von Frauen, die eine Überdosis an Drogen oder Alkohol eingenommen haben – häufig mitten am Tag. Eine Nachbarin hier um die Ecke verlor kürzlich das Sorgerecht für ihre Kinder, nachdem sie diese unter Alkoholeinfluss zur Schule gefahren hatte.

Was geht da vor sich? Warum welken die Frauen dahin – von Teenies über Frauen mittleren Alters und darüber hinaus? Wir haben heutzutage größeren Zugang zu Bildung, Berufschancen, Wohlstand und Selbstbestimmung als je zuvor. Wir können scheinbar alles haben – oder zumindest viel mehr als wir in der Vergangenheit hatten oder Frauen in anderen Teilen der Welt haben. Dennoch sind wir depressiver als je zuvor. Das hat der Geber des Lebens nicht gewollt.

Damals saß ich mit meiner verstaubten Bibel, die ich zwar von zu Hause mitgenommen, aber nie geöffnet hatte, auf dem Boden meines Zimmers. Obwohl ich an Gott glaubte, kannte ich sein Wort nicht. In dieser Nacht griff ich danach wie nach einem Rettungsseil. Ich streckte mich nach mehr aus – nach etwas, das mir helfen sollte, zu atmen, Frieden zu finden und zu heilen.

Ich erreichte das Ende des Matthäusevangeliums, wo Jesus in den Garten Gethsemane ging, um zu beten, bevor er das Kreuz ertrug. Mich faszinierte, dass er selbst in dieser unfassbaren Trauer zu seinem Vater betete: »… doch nicht, wie ich will, sondern wie du willst« (Mt 26,39). In der emotionalen Brutalität Gethsemanes sah ich einen Sohn, der sich seinem Vater liebevoll hingab und ihm trotz unermesslicher Schmerzen vertraute.

Auch meine Seele sehnte sich danach, zu vertrauen. Ich denke nicht, dass mein Schmerz mit dem Schmerz Jesu vergleichbar ist. Selbst damals, als unerfahrene Bibelleserin, begriff ich, dass mein Tal der Verzweiflung nichts ist im Vergleich zu der Aussicht, am Kreuz zu hängen und das Gewicht der Sünde dieser Welt zu tragen.

Auf diesen Seiten spürte ich jedoch, dass Gott bereitstand, um mich zu heilen. Er wollte mir Linderung für meine Traurigkeit verschaffen. Es war, als sagte Gott mir durch sein Wort: »Jen, ich werde dich heilen, aber du musst mir dein ganzes Selbst geben.« In diesem Tal wusste ich, dass der Herr mich aufforderte, mich ihm ganz hinzugeben. Ich wusste nicht, was das bedeutete oder wie ich es tun konnte, aber ich sehnte mich danach, geheilt zu werden.

Wenn auch du dich auf dem Fußboden sitzend wiederfindest, dann ist dieses Buch für dich. Vielleicht sitzt du auf dem Boden des Besprechungsraums in deiner Firma, vielleicht im Kinderzimmer, knietief in Windeln, oder auf dem Boden deines Schlafzimmers in Sorge um deine Ehe. Vielleicht ist es ein Boden am anderen Ende der Welt, im Herzen einer Großstadt oder irgendwo im Nirgendwo. Vielleicht bist du auf einem Boden, den du nie erwartet hättest oder du bist genau dort, wo du hinwolltest, und doch ist alles ganz anders als erhofft.

Womöglich bist du gerade auch gar nicht am Boden. Wenn die Dinge gerade genau richtig laufen, dann freu dich! In dieser gefallenen Welt wissen wir allerdings, dass Versprechen gebrochen werden und Träume nicht immer wahr werden. Ein Bodenmoment wird früher oder später kommen. Auf dieser Seite des Himmels bleibt niemand verschont.

Wo auch immer du dich befindest – als Frau in dieser Zeit kämpfst du wahrscheinlich mit einer Art von Desillusion, Ernüchterung oder Enttäuschung dessen, was das Leben dir gebracht hat. Dieses Buch wird sowohl erkunden, wie wir dahin gekommen sind, als auch, wie wir dem Leben im Überfluss näherkommen, das Jesus denen versprochen hat, die glauben (vgl. Joh 10,10).

Ein kleiner Hinweis der Vorsicht, bevor wir starten: Dieses Buch richtet sich nicht an die realen Herausforderungen einer klinischen Depression. Diese Seiten wurden mit dem Gedanken an die Frauen geschrieben, die Enttäuschung erleben, wie es unter Frauen heutzutage weitverbreitet ist. Wenn du den Verdacht hast, dass du eine mentale Erkrankung hast, nimm bitte den Rat eines Seelsorgers und die Behandlung eines Therapeuten in Anspruch.

In den folgenden Kapiteln untersuchen wir die gesellschaftlichen Normen und Praktiken, die uns in die aktuelle Krise des Unglücklichseins geführt haben. Wir treten einen Schritt zurück und fragen, warum uns die Weisheit der Welt nicht das gegeben hat, was sie uns versprochen hat. Wir werden vor allem damit ringen, warum gläubige Frauen entmutigt sind. Wie kann es sein, dass fast die Hälfte der Frauen, die eine Gemeinde besuchen, sagen, dass sie dort keine emotionale Unterstützung erhalten?[2]

Nach der Diagnose, wie wir dahin gekommen sind, richten wir unser Herz und unseren Verstand auf Gottes Wort. Wie hat Gott uns erschaffen? Wozu hat er uns berufen? Wie genau kann uns der »Gott der Hoffnung ... mit aller Freude« erfüllen (Röm 15,13)?

Während du diese Seiten umblätterst, hoffe ich, dass wir gemeinsam zu einem volleren Verständnis des Evangeliums gelangen. Es ist die Geschichte von dem Leben, Tod und der Auferstehung Jesu. Es ist die Botschaft der Errettung. *Und es ist auch unsere tägliche Hoffnung und Kraftquelle für alles, was kommt.* Gott fordert uns auf, in Christus verwurzelt und gegründet zu sein (vgl. Kol 2,6–7). Wenn wir das tun, werden wir die bleibende Freude finden, nach der wir suchen.

1

Der Sirenengesang des Selbst

In ein paar Wochen werden Freunde und Familie zu meinem vierzigsten Geburtstag zusammenkommen, und darauf freue ich mich. Vierzig – darauf habe ich schon lange gewartet.

Wusstest du, dass Jennifer ab 1970 vierzehn Jahre lang der beliebteste Name in Nordamerika war? Es wurden sogar Zeitungsartikel darüber geschrieben, weil es nie zuvor ein Namensphänomen wie dieses gegeben hat.[3] Es gibt eine ganze Generation von uns. Jedes dritte Mädchen in all meinen Klassen vom Kindergarten bis zur Uni hieß Jennifer, Jen oder Jennie. (Oder wird es »Jenny« geschrieben? Meine Arbeitsblätter aus der Grundschule offenbaren, dass ich das nie so ganz herausgefunden habe.) Wir sind überall!

Wir Jennifers wurden geboren als *Grease, Saturday Night Fever, Star Wars* und *Der rosarote Panther* die beliebtesten Filme waren. Ziemlich cool. Schlaghosen und Anzüge beherrschten die Modeszene. Auf meinen Babyfotos trägt mein Vater ein offenes Hemd mit großem Kragen. Die Haare meiner Mutter sind im damals modernen Pagenkopf gestylt. Angesichts des Modebewusstseins meiner Eltern musste ich natürlich eine Jennifer sein. Der Name war einfach ein weiterer Modetrend dieser Zeit.

Einige meiner frühesten Erinnerungen aus den 80ern beinhalten Mode, die ich jetzt beim Einkaufen mit meinen Töchtern wiedersehe: Jeans mit hoher Taille und bauchfreie Tops, Schulterpolster, Jeansjacken und Gürteltaschen. Ich bevorzuge die weit geschnittenen Mom-Jeans, aber meine Töchter schwören, dass High-Waist-Jeans ganz anders und den Mom-Jeans ultimativ überlegen sind. Wie auch immer – diese fast vierzigjährige Mama ist gern bereit, den tiefsitzenden Hüfthosen »Auf Wiedersehen!« zu sagen, aber mussten wir die Bauchtaschen und Schulterpolster so bereitwillig willkommen heißen?

Wenn du einige dieser populären Mode-Erscheinungen erkennst, bist du wahrscheinlich Teil der Generation X, zu der ich gerade so noch dazugehöre – die Grenze wird 1981 gezogen. Zu den Millenials gehören jene, die direkt nach mir geboren wurden, also in den 1980ern und 90ern. Einige Sozialwissenschaftler nennen uns heute Vierzigjährigen »Xennials«, weil wir der Grenze so nah sind. Falls du ein Millenial bist, können wir also sagen, dass wir Gleichaltrige sind. Im Herzen fühle ich mich ohnehin, als hätte ich gerade erst mein Studium abgeschlossen.

Eine Generation mit neuen Problemen

Wir, die aktuell im Alter von zwanzig, dreißig, vierzig oder fünfzig sind, haben mehr als die Rückkehr der Schulterpolster zu beklagen. Wir sind immer noch dabei, die schwierigen Themen zu verarbeiten, die uns beim Erwachsenwerden begleitet haben. Man nennt uns die »Scheidungsgeneration«, weil die Zahl der gescheiterten Ehen 1980 ihren Spitzenwert erreichte.[4] Die Scheidungswelle deckt sich mit der sexuellen Revolution.[5] Als sich unsere Eltern aus ihren Ehen »befreiten«, fanden sie auch Freiheit in den neuen Normen für unverbindliche Beziehungen und sexuelle Orientierungen.

Als erste Generation der »Schlüsselkinder« fanden wir uns zu Hause allein vor und mussten selbst herausfinden, wie die Welt funktioniert. Wir sind zweifellos in unsicheren Zeiten aufgewachsen.

Eine Generation mit neuen Versprechen

Die Zeit war aber auch aufregend. In den Vereinigten Staaten wurde der Title IX begrüßt, ein zivilrechtliches Gesetz, das besagt, dass niemand aufgrund seines Geschlechts von einem Lernprogramm ausgeschlossen werden darf. Meine Freundinnen und ich fühlten die Effekte von Title IX vorrangig in der Sportwelt. Mädchensport gewann an Aufmerksamkeit und erhielt mehr Finanzierung. So fanden wir uns jeden Nachmittag auf dem Fußballplatz wieder, um mit den Jungen Schritt zu halten. Das ständige Mantra unserer Trainer und Lehrer lautete: »Alles, was Jungs tun können, könnt ihr besser!« In meiner Schule gab es sogar einige vielversprechende weibliche Kicker[6] für das Footballteam der Jungs.

Sicher, wir waren von unserem turbulenten Leben zu Hause etwas angeschlagen, aber unsere Schultage und Freundeskreise waren voller Möglichkeiten. »Sei, was immer du sein möchtest«, sagten uns die Leute. Unsere einzige Einschränkung war unsere Phantasie.

In dieser Zeit voller Möglichkeiten war ich Chefredakteurin der Schulzeitung. Vor kurzem fand ich eine alte Ausgabe mit einem von meiner Wenigkeit verfassten Leitartikel. Er enthielt nicht wenig Pfeffer. Im Grunde war die Aussage: Die Mädchen füllen die Ehrenplätze und Kurse für Fortgeschrittene, aber wo sind die Jungs? Es war eine Feier von Title IX. Wir Mädchen kamen wirklich voran, teils weiter als die Jungen. In meinem Umfeld zumindest erhielten sie die Auszeichnungen und Stipendien und waren auf dem Weg in eine vielversprechende Zukunft an den besten Universitäten.

Die Welt applaudierte uns. Wir spürten das. Girlpower katapultierte uns weiter, als unsere Mütter und Großmütter jemals gekommen waren. Wir waren entschlossen, die gläserne Decke einzureißen. Unsere Augen waren darauf gerichtet, Geschäftsführer, Unternehmer, Ingenieure, Professoren, Anwälte, Ärzte oder – wie in meinem Fall – Fernseh-Nachrichtensprecher zu werden. Unsere Eltern haben sich für uns gefreut, und wir wussten es nicht besser. Mit großer Zuversicht machten wir uns auf in eine Welt, die den Frauen gehört.

Du schaffst das!

Der Optimismus unserer Mütter und die »Du schaffst das«-Stimmung, die uns Mädchen umgab, katapultierten uns in das Erwachsenenleben. Einige von uns erreichten Abschlüsse, starteten Karrieren, fanden Ehemänner, bekamen Kinder und hatten bedeutende Positionen in der Wirtschaft, der Politik und der Gemeinde inne.

Sie sagten uns damals und sagen uns noch heute, dass wir alles haben können. Wir versuchen es natürlich auch. Die meisten Frauen, die ich kenne, arbeiten (Teilzeit, Vollzeit oder von zu Hause) oder haben ihr eigenes Geschäft, machen Freiwilligenarbeit, erziehen Kinder, sind in Vereinen aktiv, dienen in ihren Kirchengemeinden, machen Sport, streben danach, gesundes Essen auf den Tisch zu stellen, haben ein aktives soziales Leben, denken global, kaufen lokal ein – und die Liste geht noch weiter. Wir jonglieren Haushalt, Beförderung und Sonntagsschule. Das ist Girlpower.

Die kulturelle Luft, die wir atmen, füllt uns mit Optimismus. So atmen wir tief ein und rennen weiter unserem Ziel hinterher. »Nimm dein Schicksal selbst in die Hand! Sei du selbst! Greif nach den Sternen! Du bist deines Glückes Schmied! Lass sie dich niemals schwitzen sehen! Folge deinen Träumen! Leg los! Du hast das Zeug dazu!«

Wir alle strecken uns nach diesem flüchtigen goldenen Stern aus: die Frau zu werden, von der uns die Gesellschaft sagt, wir könnten sie sein. Wir ziehen uns an den eigenen Haaren aus dem Sumpf, schlürfen unseren Kaffee und schauen in den Spiegel, um uns selbst zu erinnern: »Du packst das, Schwester. Zeig es ihnen!«

Aber dann ... Nahezu ohne Ausnahme und wie auf Kommando erreichen wir unser Limit. Die Kaffeetasse ist leer. Die Selbstermunterungen werden leiser. Wir brechen müde auf dem Sofa zusammen. Wir sind erschöpft. Es funktioniert nicht. Hilfe!

Wir haben es geschafft! Warum sind wir dann so traurig?

Der Feminismus hat tatsächlich für bessere Gehälter, gleiche Rechte und mehr Respekt in verschiedenen Sphären der Gesellschaft gesorgt. Frauen heute stehen in der Schuld unserer Vorgänger. Ich bin für viele Früchte der Frauenbewegung dankbar. Ohne jene Frauen, die vor mir kamen, hätte ich wohl nicht Kultur und Theologie studiert und würde auch nicht dieses Buch schreiben.

Obwohl ich mich über die starken Frauen der Vergangenheit und Gegenwart freue, frage ich mich, was wirklich vor sich geht. Wir Xennial-Frauen, die mit hohen Erwartungen und großen Versprechen durch die Tore in das Erwachsenenleben gestartet sind, freuen uns nicht so sehr, wie es sich die Frauen in der vorherigen Generation wohl vorgestellt hatten. Es läuft nicht nach Plan. Selfmade-Frauen zu sein, laugt uns aus.

Psychologen haben herausgefunden, dass »das Lebensglück von Frauen in den vergangenen Jahrzehnten sowohl in absoluten Zahlen als auch in Relation zu den Werten bei Männern abgenommen hat, obwohl sich ihre Lebensumstände anhand der meisten objektiven Maßstäbe deutlich verbessert haben«[7]. In westlichen Ländern befindet sich die mentale und emotionale Gesundheit der Frauen in einer Krise. Eine Studie des Gesundheitsministeriums offenbart, dass sich die Selbstmordrate unter Frauen in den vergangenen 20 Jahren verdoppelt und bei Mädchen im Alter von zehn bis vierzehn Jahren verdreifacht hat.[8] Wir müssen uns die schwierige Frage stellen: *Warum werden wir immer hoffnungsloser, wenn doch alles immer hoffnungsvoller wird?*

Sozialwissenschaftler sind unterschiedlicher Meinung darüber, warum Frauen und Mädchen es so schwer haben. Einige erklären es damit, dass Männer weiterhin die bestbezahlten Jobs und höchsten Ämter einnehmen. Einige machen sexuelles Fehlverhalten und Missbrauch dafür verantwortlich, wie es die *#MeToo*-Bewegung so anschaulich dargestellt wurde. Andere weisen darauf hin, dass sich zwar viele neue Möglichkeiten außer Haus eröffnet haben, wir uns zu Hause aber auch weiterhin um alles kümmern. Diese »zweite Schicht« ist hauptsächlich von Frauen besetzt. Wieder andere meinen, dass wir einfach zu beschäftigt sind und die einzelnen Dinge nicht die Aufmerksamkeit bekommen, die sie verdienen. Zuletzt glauben andere, dass die sozialen Medien eine Rolle spielen.

Wie sind wir hier hingekommen?

Auf unserem Esstisch befindet sich eine Karte, bei der wir nach den Mahlzeiten gern verweilen. Drei meiner vier Töchter kamen in Asien auf die Welt. Nachdem sie ihre ersten Lebensjahre dort verbracht hatten, zogen wir nach Europa. Rechtzeitig für die Teenager-Jahre landeten wir wieder in den Vereinigten Staaten. Wenn wir die Karte betrachten, erinnern wir uns an unsere liebsten Orte in Japan und Thailand. Wir schauen gemeinsam auf Tschechien und erinnern uns an Reisen durch Europa. Wir fahren mit den Fingern über drei Kontinente und erinnern uns, wie wir hierher, nach Colorado, gekommen sind.

Jedes dieser Länder spielt eine wichtige Rolle dabei, wer meine Töchter heute sind. Wegen dieser Orte lieben sie Ramen-Nudeln und gebratenen Reis. Ihretwegen essen sie gern Sushi und deswegen sind japanisches Curry und tschechisches Gulasch Festmahle in unserem Haus. Die Punkte auf der Reise offenbaren, warum unsere Töchter eine zweite Sprache sprechen und immer noch etwas verdutzt sind über American Football, gigantische Supermärkte und die große Auswahl an Schulmaterialien. Die Weltkarte und die geteilten Erlebnisse erinnern uns daran, wer wir heute sind und wie wir hierhergekommen sind.

Ähnlich ist es auch mit diesem Moment in der Frauengeschichte. Wenn wir verstehen wollen, wer wir heute sind, müssen wir mit unserem Finger über die Karte gleiten, um herauszufinden, wie wir zu diesem paradoxen Moment von großen Möglichkeiten *und* großen Entmutigungen gekommen sind.

Die westliche Weltanschauung und die Frau

Unsere derzeitige Situation ist nicht lediglich eine Folge der Frauenrechtsbewegung. Sie entspringt nicht allein den sozialen Medien oder den Doppelschichten, die viele von uns leisten. Auch sind sie nicht einfach das Ergebnis moderner Schwierigkeiten und Belastungen. Vielmehr sind wir hier angekommen, indem wir der natürlichen Entwicklung der Weltanschauungen des Westens in den vergangenen hundert Jahren gefolgt sind. Die westliche Weltanschauung hat uns hierher gebracht, ob wir es wissen oder nicht.

Eine Weltanschauung ist genau das, wonach es klingt: Sie beschreibt, wie wir als Gruppe – sei es als Familie, als Volksgruppe, als Nation – die Welt sehen. Weltanschauungen beantworten die großen Fragen: Was ist real? Wer sind wir? Wie sind wir hierhergekommen? Gibt es einen Gott, und wenn ja, wie ist er oder sie? Was ist der Sinn des Lebens? Wozu sind wir hier? Wie können wir richtig und falsch unterscheiden? Was passiert, wenn wir sterben?

Weltanschauungen sind subtil. Wir atmen sie normalerweise ein und aus, ohne es überhaupt zu bemerken. Wir sehen sie als gegeben an. Sie sind unsere »So ist das nun einmal«-Reflexe. Wenn du noch nie darüber gegrübelt hast, warum du so denkst, wie du es tust, hat sich deine Weltanschauung wohl entwickelt, ohne dass du es gemerkt hast.

Ein schneller Sprint durch die Geschichte

Begleite mich auf eine kurze Reise. Lass uns einen Moment Zeit nehmen, um die Weltanschauungen der letzten Jahrhunderte nachzuvollziehen, sodass wir ein besseres Verständnis davon bekommen, wie wir hier gelandet sind. Unsere Weltanschauung ist nicht in einem Vakuum entstanden. Sie ist das Ergebnis einflussreicher Denker und Kulturschaffender. Die unten genannten Denker sind unsere Vorfahren, was die Weltanschauung betrifft. Wir mögen versucht sein, zu sagen, dass sie nichts mit uns zu tun haben, doch sie haben eine wichtige Rolle darin gespielt, wie du und ich die Welt im 21. Jahrhundert sehen.

Das 17. Jahrhundert

Die westliche Philosophie startete im 17. Jahrhundert mit dem Zeitalter der Vernunft, angeführt von René Descartes. Er ist berühmt für die Aussage: »Ich denke, also bin ich.« Dieser Satz fasst die Ideologie der Zeit passend zusammen: Allein aufgrund der Vernunft oder Rationalität können wir überhaupt etwas wissen. Wenn auch auf subtile Weise, so begann damit unser Blick, sich auf uns selbst zu richten, um die Quelle von Weisheit, Leben und Sinn zu finden.

Das 18. Jahrhundert

Die Aufklärung folgte Descartes schnell auf den Fersen, und zwar mit Denkern wie dem in der Schweiz geborenen Jean-Jacques Rousseau. Rousseau ist dafür bekannt, dass er alles ablehnte, was die Freiheit des Selbst limitierte. Er ist der Vater des »Wenn es sich gut anfühlt, dann mach es«-Bewegung. Heute leben wir definitiv aus dem Erbe von Rousseaus Denken.

Das 18. Jahrhundert war ein Zeitalter der Revolutionen. Sowohl die französische als auch die amerikanische Revolution schüttelten die Ketten der Kirche und des Staates ab. Mit Rousseau priorisierten europäische und amerikanische Denker das Individuum über der Institution.

Das 19. Jahrhundert

Die im 17. Jahrhundert beginnende Orientierung anhand des Selbst als Autorität und die Ablehnung von Kirche und Staat im 18. Jahrhundert mündeten in die moderne Philosophie des 19. Jahrhunderts. Der Amerikaner Ralph Waldo Emerson propagierte die Selbstbestimmung, indem er sagte: »Jeder einzelne lebt für sich selbst und ist dazu getrieben, all seine Ressourcen, Hoffnungen, Belohnungen, Gesellschaft und *Göttlichkeit* in sich selbst zu finden.«[9]

Auch der deutsche Philosoph Karl Marx trat für die absolute Autonomie ein. Er sagte: »Ein Wesen gilt sich erst als selbständiges, sobald es auf eignen Füßen steht, und es steht erst auf eignen Füßen, sobald es *sein Dasein sich selbst verdankt*.«[10]

Obwohl viele von Marx' Versprechen nach Gleichstellung begeistert waren (und immer noch sind), hat sein Einfluss zu der Selbstvergötterung totalitärer Führer im 20. Jahrhundert geführt. Die Anwendung dieser Weltsicht in der Politik hat zum Tod von Millionen Menschen in Russland, China, Kambodscha und weiteren Ländern geführt.

Charles Darwin führte uns zum Glauben, dass wir uns durch Zufall und Mutation weiterentwickelt hätten, was uns letztlich von allen Verpflichtungen gegenüber einem Schöpfer oder Gott außerhalb uns selbst befreit hat. Darwin, Marx, Emerson und andere Denker des 19. Jahrhunderts haben uns angeleitet, unsere eigene Realität zu definieren. Wir entscheiden selbst, wie wir hierhergekommen sind, wofür unser Leben gut sein soll und was real ist.

Das 20. Jahrhundert

Das Wasser, das mit dem Rationalismus des 17. Jahrhunderts kaum merklich anstieg, schwappte im 18. Jahrhundert mit der Ablehnung von Kirche und Staat über und wurde im 19. Jahrhundert mit der Erhöhung des Selbstvertrauens und der Selbstverherrlichung zu einer Flutwelle. Dieser Tsunami wusch unseren Wert für das Streben nach objektiver Wahrheit fort und trug uns in die Mitte des 20. Jahrhunderts, wo wir geradewegs in der Bewegung des Existentialismus landeten. Als sich das Wasser wieder zurückzog, machten sich die meisten von uns im Westen an den Wiederaufbau, indem wir den Sinn des Lebens für uns selbst definierten.

Diese verschiedensten individuellen Definitionen brachte die Postmoderne der 70er. Die Postmoderne besagt, dass es kein Metanarrativ im Leben gibt. Mit anderen Worten: Es gibt keine Möglichkeit, endgültig zu erklären, wer wir sind oder wie wir hierhergekommen sind.[11] Postmodernismus sagt, dass jede Weltanschauung, die für sich beansprucht, das Leben und die Geschichte in einem allgemeingültigen Sinn zu interpretieren, falsch liegt (einmal abgesehen davon, dass die Postmoderne selbst versucht, das Leben und die Geschichte mit einem übergreifendem Sinn zu versehen, nämlich damit, dass es keinen gibt).

Genau hier haben wir Jennifers und die Generation X und Millennials und wahrscheinlich auch du, lieber Leser, die Bühne betreten. Du und ich sind in eine Zeit hineingeboren, in der Relativismus und Individualismus triumphierten. Die Kultur, in der wir aufwuchsen, war deutlich antiautoritär. Anstatt die objektive Wahrheit zu entdecken, wurde uns beigebracht, dass wir unsere eigene, subjektive Wahrheit definieren müssen. Anders als die Millionen von Generationen vor uns haben wir uns nicht auf den Weg gemacht, um den Sinn des Lebens zu *ergründen*, sondern um unserem Leben einen eigenen Sinn zu *geben*.

Von dem Verlassen auf sich selbst zu der Selbstvergötterung

Jetzt in den 2000ern haben wir die Ketten jeder institutionalisierten Definition von Wahrheit oder Realität sowie von richtig und falsch erfolgreich abgeschüttelt. Wir haben Freiheit zu unserem höchsten Gut deklariert. Individuelle Freiheit übertrumpft alle ehemaligen sozialen Normen und Werte. Sie ist endgültig und unübertreffbar.

Ob wir es damals nun wussten oder nicht, die Priorität und Macht des Individuums wurde bereits in unseren Grundschulklassen in den Vordergrund gerückt. Die Selbstwert-Bewegung unserer Kindheit bediente sich der Lehrpläne und Unterrichtsmaterialien, die uns Slogans wie »Ich schaffe das«, »Ich kann es möglich machen« und »Ich bin ich, ich bin genug« beibrachten.[12] Die Erlösung wurde damals in uns selbst gefunden; und wir haben dieses Verständnis bis ins Erwachsenenalter beibehalten.

Du brauchst nur auf Instagram und in Einrichtungshäuser schauen, um dieselben Botschaften auf unseren Kaffeetassen und Sofakissen zu lesen. Wir sehen die Vormachtstellung des Selbst in der Popkultur, im Fernsehen, in Filmen, in Erziehungsbüchern, in der Musik – sie ist überall.

Wir haben das Selbst nicht nur in unserer Popkultur geheiligt, sondern auch in unseren Gesetzen. 1992 hat der oberste Gerichtshof der USA »dieser Sicht juristische Gestalt gegeben, als er erklärte, dass ›das Herz der Freiheit‹ darin bestehe, ›seine eigene Vorstellung von der Existenz‹ und ›vom Sinn des Universums zu definieren‹«[13]. Die Realität selbst zu bestimmen, wird heute überall hochgehalten: in den Vorschriften am Universitätsgelände, auf den Vorstandsetagen der Unternehmen und sogar bei der Beschilderung öffentlicher Toiletten. Nichts darf in die Quere kommen, wenn du du sein willst. Du kannst dich selbst erfinden. Du ziehst dein Ding durch. Alle anderen gesellschaftlichen Ordnungen müssen sich dem Selbst, unserem höchsten Wert, unterordnen.

Das erste Problem mit der Selbstvergötterung

Wenn wir uns selbst vergöttern, erwarten wir von der Realität, dass sie sich unseren Bedürfnissen anpasst, anstatt uns umgekehrt selbst der Realität anzupassen. Ob wir uns dessen bewusst sind oder nicht, fordert uns die Selbstverherrlichung dazu auf, uns selbst anzubeten, uns selbst hochzuhalten, uns selbst davon zu überzeugen, dass wir genügen und es wert sind, nachgeahmt zu werden.

Wenn wir zu unserer eigenen Quelle des Sinns werden, werden wir auch zu der einzigen Quelle von Zufriedenheit und Erfüllung. Wir begeben uns in einen Kreislauf, in dem wir uns selbst definieren und uns selbst anbeten.

Um diese Weltsicht aufrechtzuerhalten, müssen wir unsere eigenen Herren werden. Ironischerweise werden wir also nicht befreit. Wir müssen nicht nur unseren eigenen Sinn sowie unsere eigenen Ziele und eigenen Träume erfinden, sondern auch die eigene Energie und Fähigkeit haben, diese Dinge zu erreichen. Mit uns selbst auf dem Thron müssen wir Selfmade-Frauen im wahrsten Sinn des Wortes sein: Wir müssen alles hervorzaubern, von dem Sinn des Lebens bis hin zu der Energie und der Fähigkeit, ihn auszuleben.

Das macht uns zerbrechlich. Es liegt alles an uns. Heute müssen wir unsere eigenen Welten erschaffen und sie auch noch selbst zum Drehen bringen.

Wenn das vergöttlichte Selbst nicht genug ist

Das Problem mit der Selbstvergötterung ist, dass sie einen auf sich selbst beschränkt. Wir setzen uns dabei also selbst außer Gefecht, weil wir uns nicht erlauben, auf etwas Größeres zu schauen, um Sinn und Bedeutung zu finden – etwas (oder *jemanden*, wie wir im nächsten Kapitel beleuchten werden) außerhalb unserer selbst. Unsere einzige Hoffnung liegt darin, uns selbst zu glauben, wenn wir sagen, dass wir genügen.

Auch sind wir ständig vom Lob anderer abhängig. Wie kannst du wissen, ob du »es geschafft hast«, wenn du keine Anerkennung für deine Erfolge bekommst? Ein zurückgezogenes Leben ist nicht genug, um zu wissen, dass du auf dem Höhepunkt deiner Träume angekommen bist. Wir müssen auf der Bühne stehen und den Applaus der Massen empfangen. Der Appetit für Anerkennung ist jedoch unstillbar. Wir wissen nie wirklich, ob wir auf Kurs sind. Wie viele Likes in den sozialen Medien sind genug, damit du weißt, dass du den Durchbruch geschafft hast?

Die Selbstwert-Mantras unserer Kindheit klingen irgendwann hohl. Der »Ich kann es schaffen«-Slogan, der von Lehrern, Eltern, der Popkultur und sogar von unseren Gesetzen wiederholt wird, bringt uns nicht das Leben, das wir erhofft hatten. Ironischerweise saugt diese Weltsicht, die uns Leben geben sollte, es aus uns heraus.

Wenn du und ich nicht das sein können, was wir uns vorgenommen haben, dann haben wir uns selbst verloren. Der Pastor und Autor Timothy Keller sagt: »Moderne Identität ist erdrückend.«[14] Wir können dem eigenen Herzen nicht folgen, wenn dieses auch noch unsere Energiequelle und unser Transportmittel sein soll, um ans Ziel zu gelangen. Wir sind wie ein Hund, der seinen eigenen Schwanz zu schnappen versucht. Uns fehlt die Quelle außerhalb von uns für die benötigte Energie, Freude und Richtung.

So jagen wir hektisch unseren Schwänzen hinterher, bis wir völlig erschöpft sind. Verfolgen wir die historische Karte der Weltanschauungen, sehen wir, dass der Pfad, der uns zu dem Triumph des Selbst über alles andere geführt hat, uns auch zu unserem eigenen Untergang führte. Wir zerstören uns selbst, indem wir versuchen, uns selbst zu folgen. Seit der zweiten Hälfte des 20. Jahrhunderts haben wir angenommen, dass wir die Autorität haben, uns selbst zu erschaffen und in unserer eigenen Realität zu leben. Das ist es, was meine Generation krank macht.

Wir sind in der Notaufnahme und brauchen eine akkurate Diagnose

An einem Punkt in den ersten Jahren als Mutter waren meine drei Töchter 3 Jahre alt oder jünger. Welche Verrücktheiten du dir gerade vorstellst, sie sind berechtigt. In dieser Phase des Chaos bekam ich Halsschmerzen, die nicht weggehen wollten. Ich nahm mehrmals täglich Medikamente ein, um den Schmerz, die Schwellung und das Fieber einzudämmen. Nach ein paar Tagen aber war die Schwellung so stark, dass ich nur mit Mühe atmen konnte. So tat ich, was jede Mutter mit kleinen Kindern tun würde: Ich fuhr mich selbst in die Notaufnahme. Es war unkomplizierter, die Kinder mit meinem Mann zu Hause zu lassen, als ihn die ganze Familie zum Krankenhaus fahren zu lassen.

Ich parkte mein Auto und ging mit der Erwartung in die Notaufnahme, dort erst einmal einige Stunden im Wartebereich sitzen zu müssen. Stattdessen wurde ich nach ein paar Fragen direkt hinter einen Vorhang mitgenommen und dort sofort behandelt. Die diensthabende Ärztin war sichtlich besorgt. Ich hörte, wie sie am Telefon zu meinem Mann sagte: »Ihre Frau ist sehr krank. Sie wird längere Zeit nicht nach Hause kommen. Wir geben ihr intravenös ein Antibiotikum und werden möglicherweise einen Beatmungsschlauch legen müssen. Sie wird jetzt auf die Intensivstation gebracht, kommen Sie also bitte so schnell wie möglich.« Ich bekam Morphium gegen den Schmerz und nahm in den nächsten Tagen meine Umgebung nur ab und zu wahr.

Offensichtlich hatte ich meine Halsschmerzen falsch diagnostiziert. Was am Anfang eine kleine Unannehmlichkeit war, wurde größer und größer, bis sie tatsächlich zu einer lebensbedrohlichen Angelegenheit wurde. Die Schmerzmittel, die ich zu Hause eingenommen hatte, reichten da nicht aus. Das, was ich für eine Erkältung gehalten hatte, war eine aggressive Entzündung, die meinen Hals verschloss. Meine Amateur-Diagnose brachte meine Familie und mich in Gefahr.

Eine Fehldiagnose im Verstehen der aktuellen Krise der mentalen und emotionalen Gesundheit von Frauen weltweit wird die gleiche Folge haben. Wir können keine simplen Erkältungsmedikamente einwerfen, wenn wir Hoffnung haben wollen, aus diesem Schlamassel heil herauszukommen.

Die feministische Bewegung liegt nicht in allem falsch. Auch tun wir Frauen nicht lediglich zu viel und sind müde. Es geht auch nicht darum, dass Mediziner und Therapeuten nicht von Nutzen wären. Es ist nur so, dass unser Problem tiefer liegt. Wir haben ein Problem der Seele.

Die Autorin Rosaria Butterfield trifft den Nagel auf den Kopf, wenn sie schreibt: »Im Kern ist das eigentliche Problem das Person-Sein. Nicht richtig wahrzunehmen, wer wir sind, macht uns unfähig, irgendetwas von dem richtig wahrzunehmen, was wir berühren, fühlen, denken oder träumen. Nicht richtig wahrzunehmen, wer wir sind, macht uns unfähig, richtig zu wissen, wer Gott ist. Wir haben uns wahrhaftig in einer Finsternis verirrt, die wir selbst geschaffen haben.«[15]

Der mutige Theologe und Reformator John Calvin hat schon vor 500 Jahren darauf hingewiesen, als er sagte: »Denn wie es zum Verderben des Menschen keine geradere Straße gibt, als wenn sie sich selbst folgen, so ist der einzige schirmende Hafen der, dass wir nichts selbst wissen noch wollen.«[16] So ist es! Wir sind in einer selbst geschaffenen Dunkelheit gefangen. Dort sind wir hingekommen, indem wir Gott vom Thron gestoßen und uns selbst daraufgesetzt haben. Wir haben uns selbst vergöttlicht. Und das hat zu unserem Untergang geführt.

Das Heilmittel: Die Erinnerung daran, wer wir sind und wem wir gehören

Die Kultur sagt uns, das Heilmittel für unser Ausgebranntsein sei mehr Zeit für sich. Wir benötigen mehr Ruhe. Mehr Zeit allein. Ein schönes Auto, das den Stress der Welt auszublenden hilft. Vielleicht einen Babysitter und eine Reinigungskraft, die uns helfen, alles auszubalancieren. Mehr Wein. Mehr Kaffee. Therapie. Medizin. Mehr sich selbst gut zureden. Familie und Freundinnen, die dich immer wieder daran erinnern, dass du genug bist und das schaffst.

Ich schlage jedoch vor, dass wir an den Anfang zurückkehren müssen. Wir müssen uns daran erinnern, *wer wir sind und wem wir gehören*. Wie wir erschaffen wurden und von wem. Zu welchem Zweck wurden wir geschaffen? Was soll uns antreiben und motivieren?

Unser Heilmittel liegt in der Rückbesinnung auf die richtige Weltanschauung. Sie liegt in der Ablehnung der Selbstverbesserungs-Bewegung, in die wir hineingeboren wurden, und in der Neuausrichtung zurück auf Gott, der uns geschaffen hat. In unseren Seelen muss Heilung passieren. Unsere Gesundheit kehrt zurück, wenn wir uns in der Wahrheit verwurzeln.

Lasst uns ehrlich sein: Wir wurden von der Kultur, in der wir aufgewachsen sind, getäuscht. Die Ideen, in denen wir herumschwimmen, richten Verwüstung an. Vergleichen wir sie mit den biblischen Wahrheiten des Evangeliums, merken wir, wie hohl und leer sie klingen.

Das Selbst ist wie die verführerischen Sirenen in der griechischen Mythologie, die vorbeifahrende Schiffer anlocken, um sie zu töten. Wir werden tatsächlich von uns selbst angezogen. Uns in uns selbst zu verwurzeln, hat uns jedoch in unseren Ruin geführt. Das »Ich schaffe das«-Gerede und der Versuch, uns an den eigenen Haaren aus dem Sumpf zu ziehen, haben uns erschöpft. Wir erkennen jetzt, dass es keine Ruhe für denjenigen gibt, der in allem von sich selbst abhängig ist.

Unsere aktuelle Krise ist nicht, was der Geber des Lebens für uns vorgesehen hatte. Er hat uns auf eine bestimmte Art und Weise und zu einem bestimmten Zweck geschaffen. Gott möchte, dass wir in der Beziehung zu ihm Kraft und Freude finden. Lasst uns zugeben, dass wir selbst nicht genug sind und uns zu Gott wenden, der in jeder Hinsicht genügt.

Fragen für die persönliche Reflexion oder Gespräche in der Gruppe

1. *Mit welchen unausgesprochenen Weltanschauungen bist du aufgewachsen?*

2. *Welche Vorstellungen aus dem 17., 18., 19. oder 20. Jahrhundert findest du in der heutigen Kultur wieder?*

3. *Welche Schwierigkeiten siehst du bei der Selbstverbesserung?*

4. Denk über den kulturellen Trend nach, die Realität selbst zu definieren, anstatt sie zu entdecken. Mit anderen Worten tendieren wir dazu, von der Realität zu fordern, dass sie sich unseren eigenen Bedürfnissen anpasst, anstatt uns andersherum selbst an die Realität anzupassen. Welche Beispiele aus dem Leben fallen dir ein, wo dies problematisch ist?

5. »Moderne Identität ist erdrückend.« Stimmst du dieser Aussage zu? Reflektiere den Kreislauf der Selbstvergötterung: Wir müssen uns selbst anbeten, uns selbst erhalten, uns selbst davon überzeugen, dass wir genügen und es wert sind, dass man uns folgt. Hast du das selbst erlebt?

6. Lies Kolosser 2,8 und Römer 1,28–30. Wie lassen sich diese Verse auf die heutige Kultur anwenden?

7. Frag Gott, wo du dich den kulturellen Vorstellungen statt Gottes Idealen angepasst hast. Wo hast du deinen Verstand ausgeschaltet und wo musst du erneuert werden? Denke über Römer 15,13 nach und bitte Gott, dich dir zu zeigen und dir bleibende Freude zu schenken, während du dieses Buch liest.

2

Die Absicht des Schöpfers

Als mein Mann vierzig wurde, lebten wir in Europa. Ich plante ein besonderes Überraschungswochenende nur für uns beide in Florenz. Um die Feierlichkeiten abzurunden, hatte ich unsere Familie daheim gefragt, ob sie das Sahnehäubchen zur Überraschung beisteuern wollte: einen Ferrari. Keinen Ferrari *für* ihn, sondern die Möglichkeit, einen zu fahren, wenn auch nur für kurze Zeit. Ich wusste, es würde der krönende Abschluss unseres Wochenendes sein – ein Moment, der lange in Erinnerung bleibt. Wie passend für einen vierzigsten Geburtstag!

Mark hatte keine Ahnung, was auf ihn zukam. Wir machten uns auf den Weg, um die Stadt zu besichtigen, und ich führte ihn zum Piazzale Michelangelo, dem Treffpunkt für die Fahrt. Dort, die Stadt überblickend, mit dem Dom und der Ponte Vecchio in Sicht, stand der glänzend rote 488 Spider. Marks Augen und sein Mund wurden groß, als ich uns dem Ferrari-Typen vorstellte. Es war unbeschreiblich – für einen kurzen Moment. Das Ferrari-Fest begann zu bröseln, als der Mann uns zu verstehen gab, mit ihm zusammen einzusteigen – so, als würde er mit uns fahren, als bräuchten wir einen Babysitter.

Mark blieb optimistisch und nahm am Fahrersitz Platz, während ich versuchte, meine 1,80 m an dem Ort zusammenzufalten, den manche als Rücksitz bezeichnen würden. Der Motor heulte auf. Mark rückte seine Sonnenbrille zurecht, lächelte mich im Rückspiegel an und suchte vorsichtig seinen Weg aus den Menschenmengen und Straßenverkäufern in Richtung der italienischen Landstraßen. Dort kamen wir aber leider nie an.

Ich hatte mir vorgestellt, dass das Geld, das meine Familie zusammengelegt hatte, uns 20 Minuten Ferrari-Genuss bringen würde. Stattdessen kuppelte Mark 20 Minuten lang den ersten Gang ein und aus und schaltete nicht öfter als ein paar Mal in den zweiten, während wir im italienischen Verkehr feststeckten. Die Blicke im Rückspiegel verwandelten sich von aufgeregter Vorfreude über ernste Ernüchterung hin zu völliger Verzweiflung.

Hoffnungsvoll fragte Mark nach dem silbernen Knopf in der Mittelkonsole, auf dem »Launch« stand.[17] »Auf keinen Fall drücken!«, sagte der Babysitter. Sowohl das Auto als auch der Fahrer verstummten. Der Ferrari wurde für eine einzige Sache konzipiert: Geschwindigkeit. Dieses langsame Tuckern durch die Stadt war nicht das, was seine Macher im Sinn hatten. Der dröhnende Motor, das Sportlenkrad, die sieben Gänge und der Hinterradantrieb bettelten um Beschleunigung.

Ich bin kein Auto-Experte, aber auch mir war klar, dass dieser Moment nichts mit der Behauptung im Werbeslogan zu tun hatte, dieser Wagen verbinde »die besten für die Rennstrecke entwickelten technologischen Lösungen mit der Freude des offenen Fahrens und verhilft dem Fahrer so zu einem berauschenden Erlebnis am Steuer«[18]. Dieses atemberaubende Fahrzeug würde nicht tun, wozu es erschaffen wurde. Es kam einfach nicht in die Gänge.

Ähnlich geht es uns, wenn wir nicht so leben, wie der Schöpfer es beabsichtigte. Wir leiden und verschmachten, wenn wir nicht gemäß dem leben, wozu wir erschaffen wurden. Wie der Ferrari brummen wir leise vor uns hin, stehen still und kommen nur langsam voran. Wir starten nie richtig durch. Wir heben niemals ab, erreichen nie die volle Geschwindigkeit oder unser volles Potential.

So wie der Rennwagen für Geschwindigkeit gemacht wurde, wurden du und ich für Gott gemacht. Er ist unser Schöpfer. Er hat uns für sich selbst entworfen. Wir sind von Gott für Gott geschaffen.

Was ist unsere Geschichte?

Als Menschen im 21. Jahrhundert fragen wir uns schnell, was wir *tun* sollten. Wir werden von Optionen für Bildung, Hobbys und Freizeit regelrecht überschwemmt. Es gibt unzählige gute Zwecke und Anliegen, für die wir eintreten könnten. Wir wollen wissen, wofür wir uns selbst, unsere Ressourcen und unsere Zukunft einsetzen sollen. Das Handeln hat für uns Priorität.

Bevor du und ich herausfinden können, was wir *tun* sollten, müssen wir allerdings wissen, Teil *welcher Geschichte* wir sind.[19] Wie können wir wissen, was zu tun ist, wenn wir den Zusammenhang nicht kennen? Was ist die große Handlung um uns herum? Wer ist der Autor? An welche Stelle der Geschichte hat er uns gestellt? Die Bibel ist die Geschichte über Gott – und wir, seine Geschöpfe, kommen darin vor.

Außerhalb der Kirche – und leider auch innerhalb der Kirche – wird die Bibel als ein nützliches Buch voller Lebensweisheiten angesehen. Wir behandeln sie wie einen christlichen Glückskeks – ein Haufen Fragmente mit einigen guten Ideen, die etwas oder vielleicht auch nichts mit uns zu tun haben. Die Gesellschaft klopft der Bibel auf die Schulter und bezeichnet sie als nette, aber uralte Literatur; sie ist veraltet und irrelevant.

Die Geschichte der Bibel überragt jedoch alles andere. Sie reicht von Ewigkeit zu Ewigkeit. Sie ist die ultimative Realität, die absolute Wahrheit für alle Zeiten. Es ist die Geschichte, in die wir hineinpassen – und das ist besonders für uns heute von Bedeutung: Es ist keine Geschichte, *die wir uns so anpassen*, wie es uns gefällt, sondern eine Geschichte, *der wir uns anpassen* und in der wir unseren Platz finden müssen.

Menschen lieben Geschichten. Es ist ganz natürlich für uns, dass wir wissen wollen, wer wir sind, woher wir kommen und wohin wir gehen. Glenn Pauuw gibt uns dazu folgende Warnung: »Weil wir selbst ›unerbittlich narrativ‹ sind, werden wir versuchen, Teile der Bibel in eine Geschichte hineinzustecken, die wir irgendwo aufgeschnappt haben, wenn wir unsere Geschichte nicht aus der Bibel schöpfen. Wir haben keine andere Wahl, als unser Leben als eine Erzählung zu leben, die in eine größere Erzählung passt, von der wir glauben, dass sie der Welt einen Sinn gibt.«[20]

Wir sind »unerbittlich narrativ«. Um also unsere eigene Geschichte richtig zu verstehen, müssen wir die Bibel als das betrachten, was sie ist: eine zusammenhängende Erzählung, ein Metanarrativ, eine große Geschichte, die *alles* erklärt.

Die große Geschichte der Bibel

Obwohl die Bibel 66 Bücher enthält und in einer Spanne von über 1500 Jahren von 40 Autoren in drei Sprachen verfasst wurde, enthält sie eine einzige Geschichte: »Von Genesis bis Offenbarung berichtet uns die Bibel über die Herrschaft und Hoheit Gottes.«[21]

Die große Geschichte der Bibel besteht aus vier großen Abschnitten: Schöpfung, Sündenfall, Erlösung und Wiederherstellung. Einfach ausgedrückt, beschreibt die Schöpfung, wie wir auf diese Erde gekommen sind. Der Sündenfall handelt von unserer ersten Sünde und Rebellion gegen Gott. Die Erlösung finden wir in Jesus, der die Strafe für die Sünde an unserer Stelle bezahlt hat. Und die Wiederherstellung liegt noch in der Zukunft, wenn Gott alle Dinge auf der Erde und im Himmel neu machen wird.

Wenn wir uns einen langen Zeitstrahl vorstellen, wäre der rote Punkt, der unseren Standort markiert, irgendwo zwischen Erlösung und Wiederherstellung zu finden. Dort befinden wir uns im Moment. Die Menschheit hat die Schöpfung und den Sündenfall bereits durchlebt. Die Erlösung kam bereits in Christus, doch die Wiederherstellung ist noch nicht geschehen.

In diesem Kapitel geht es uns vor allem um den ersten Teil der großen Geschichte der Bibel: um die Schöpfung. Indem wir an den Anfang zurückgehen, verstehen wir besser, warum wir uns in der jetzigen Situation befinden und warum Frauen heute im 21. Jahrhundert so desillusioniert sind.

In Gottes Ebenbild und zu seiner Ehre geschaffen

Die Schöpfung ist heiß umkämpft, weil sie sich auf alles andere auswirkt. Wenn es wahr ist, dass wir einen Schöpfer haben und wir nicht durch Zufall hier sind, dann müssen wir uns an ihn wenden, um Antworten auf unsere großen Fragen zu bekommen. Die »wichtigste Implikation der Schöpfung ist, dass sie uns ein grundlegendes Verständnis davon gibt, wer wir sind; unsere Sicht auf den Ursprung bestimmt unsere Sicht der menschlichen Natur.«[22]

Du müsstest wahrscheinlich lange suchen, um jemanden zu finden, der nicht weiß, wo die Worte »Am Anfang schuf Gott« (1 Mose 1,1) zu finden sind. Obwohl sie nicht von vielen geglaubt werden, sind sie als Eröffnungsworte der Bibel weitläufig bekannt. Siebenundzwanzig Verse später – nachdem Gott Himmel und Erde, Tag und Nacht, Pflanzen und Bäume, Sonne, Mond und Sterne, Fische, Vögel und alle Tiere erschaffen hatte – schuf Gott »den Menschen zu seinem Bilde, zum Bilde Gottes schuf er ihn; und schuf sie als Mann und Frau« (1 Mose 1,27).

Du und ich wurden von Gott geschaffen, in seinem Bilde. Der Psalmist sagt: »Erkennet, dass der HERR Gott ist! Er hat uns gemacht und nicht wir selbst zu seinem Volk« (Ps 100,3). Wenn wir von Gott kommen, dann verdanken wir ihm nicht nur unsere Existenz. Auch kann nur Gott allein uns sagen, warum wir hier sind, was uns verletzt und wie wir aufblühen können. Der Geschichtenschreiber ist auch der Geschichtenerzähler. Er hat uns in seine Geschichte aufgenommen und kann uns alles über uns erzählen – er hat die Antworten.

Es mag offensichtlich erscheinen, aber du und ich sind nicht wie Bäume, Blumen, Hunde, Katzen und Elefanten. Wir reflektieren Gott. Natürlich ist Gott allein perfekt; nur er kann absolut liebevoll, gerecht, geduldig und freundlich sein. Aber auch wir haben diese Eigenschaften an uns. Obwohl nicht ohne Fehler, können auch wir kreativ, weise, wahrheitsliebend, gnädig, gut und vieles andere sein, so wie Gott.

Weil alle Menschen überall in Gottes Ebenbild gemacht wurden, haben sie einen unermesslichen Wert. Aufgrund dieser Wahrheit sind Christen bei Belangen des Lebens so leidenschaftlich (oder sollten es zumindest sein): gegen Abtreibung und Euthanasie und für den Wert des Lebens dazwischen – Hilfe für Flüchtlinge, Kampf gegen Rassismus, Linderung von Armut, Schaffung von Bildungschancen und Vermittlung von Waisen an Eltern. Wir sorgen füreinander, weil wir alle Gottes Ebenbild in uns tragen. Wir sind nicht wie Buschwindröschen und Bienen, Begonien und Belugas.

Der Schöpfer des Universums hat dich und mich absichtsvoll und für einen bestimmten Zweck erschaffen. Kolosser 1,16 macht deutlich, dass »alles durch ihn und zu ihm geschaffen« wurde. Wir wurden von Gott und für Gott gemacht. Wir wurden in seinem Bild geschaffen, um sein Bild zu reflektieren.

Geschaffen, um von Gott angetrieben zu werden

Die Worte in Kolosser 1,15–20 umfassen alles. Paulus sagt, dass alle Dinge in Jesus, für Jesus und durch Jesus erschaffen wurden, dass er vor allen Dingen war und alles zusammenhält. Er ist nicht nur der Schöpfer und Erhalter des Lebens, sondern auch unser Treibstoff.

Die Wahl des richtigen Treibstoffs ist enorm wichtig, wenn wir oder irgendein Organismus oder eine Maschine reibungslos funktionieren sollen. Sie ist so wichtig, dass ich beim Tanken immer schon etwas nervös wurde. In den Ländern, in denen wir lebten, waren die Beschriftungen häufig nicht auf Englisch. Dazu gab es meist die Auswahl zwischen vier oder fünf Arten von Treibstoff. Einen Diesel aus Versehen mit Benzin oder einen Benziner aus Versehen mit Diesel zu betanken, führt zu großen Problemen. Mehrere unserer Freunde blieben am Straßenrand liegen oder bemerkten erst zu spät, wie schnell eine falsche Entscheidung an der Zapfsäule zu einem Motorschaden führen kann. Bei jedem Volltanken fürchte ich, dass ich unser Familienauto ruinieren werde.

Die Analogie ist an dieser Stelle klar: Der Treibstoff ist entscheidend – nicht nur für Autos, sondern auch für dich und mich. Unser Schöpfer, der Geber des Lebens, beabsichtigte, dass wir für immer mit ihm in einer Beziehung leben. Er muss unser Treibstoff sein. In *Pardon, ich bin Christ* schreibt C. S. Lewis: »Die ›menschliche Maschine‹ hat Gott so konstruiert, daß sie nur mit ihm läuft. Er selbst ist der Treibstoff, den unser Geist verbrennen, oder die Nahrung, an der unser Geist sich stärken soll, eine andere gibt es nicht.«[23] Der Kirchenvater Augustinus drückte dasselbe schon 1500 Jahre vor Lewis anders aus: »[G]eschaffen hast du uns im Hinblick auf dich, und unruhig ist unser Herz, bis es ruhet in dir.«[24]

Jesus sprach über unsere Beziehung mit ihm mit Worten, die das Verweilen und Niederlassen bezeichnen. Er sagte: »Bleibt in mir und ich in euch ... denn ohne mich könnt ihr nichts tun« (Joh 15,4–5). Der Geber des Lebens möchte auch der Erhalter des Lebens sein. Er möchte mit uns Menschen – mit seinen einzigartigen und außergewöhnlichen Geschöpfen – in einer ewigen Beziehung leben.

Wir Frauen des 21. Jahrhunderts haben uns selbst getankt, nicht Gott. Unser Treibstoff ist Selbstverbesserung, Selbstbehauptung und Selbstverwirklichung. Der Kraftstoff des Selbst ist jedoch ausgegangen. Deshalb sind wir müde und entmutigt und stecken in einer Krise.

Genug von mir! Und genug von dir! Wenn wir vorankommen möchten, müssen wir von dem Treibstoff angetrieben werden, für den wir gemacht wurden – von Gott selbst. Bis dahin werden wir ruhelos bleiben.

Geschaffen, um Gott zu verherrlichen

Die Bibel sagt uns nicht nur, dass wir *von* Gott geschaffen, sondern auch, dass wir *für* Gott geschaffen wurden. Wir sind zu seiner Ehre gemacht. Der Prophet Jesaja sagt: »Bring her meine Söhne von ferne und meine Töchter vom Ende der Erde, alle, die mit meinem Namen genannt sind, die ich zu meiner Ehre geschaffen und zubereitet und gemacht habe« (Jes 43,6–7). Für Gottes Ehre zu leben, bedeutet, so zu leben, dass Gott dadurch sichtbar wird. Es ist eine Lebensweise, die der Welt zeigt, wer er ist und wie er ist. Diejenigen, die ihn kennen, sind berufen, ihn anderen zu offenbaren.

Wir wurden nicht gemacht, um uns selbst zu verherrlichen, sondern unseren Schöpfer. In der Bergpredigt sagt Jesus das deutlich: »So lasst euer Licht leuchten vor den Leuten, damit sie eure guten Werke sehen und euren Vater im Himmel preisen« (Mt 5,16). Gott schuf uns, um das Scheinwerferlicht direkt auf ihn zu richten.

Der Apostel Paulus sagte: »Denn wir sind sein Werk, geschaffen in Christus Jesus zu guten Werken, die Gott zuvor bereitet hat, dass wir darin wandeln sollen« (Eph 2,10). Unsere Arbeit und alles, was in unserem Leben zu tun ist, hat Gott dort hingestellt. Wir sollen zu ihm hinarbeiten. Unser Schuften hat einen Sinn – unsere Hochs und Tiefs haben einen Zweck.

Wenn du dich jemals gefragt hast, warum um alles in der Welt du hier bist, dann gibt es eine Antwort: Gott hat dich absichtsvoll und für ein bestimmtes Ziel erschaffen. Du sollst mit ihm in Gemeinschaft leben und in ihm bleiben, wie die Rebe am Weinstock. Du bist sein Ebenbild, und er möchte, dass du ihn für andere widerspiegelst. Du gehst nicht einfach nur so zur Arbeit, wechselst die Windeln, besuchst den Elternsprechtag und kletterst die Karriereleiter empor. Du und ich befinden uns in unseren spezifischen Rollen, um unserem Schöpfer ähnlicher zu werden und ihn der Welt zu präsentieren, die uns beobachtet.

Meine drei leiblichen Töchter haben so dunkelbraune Augen, dass du die Iris nicht von der Pupille unterscheiden kannst. Ihre Augen haben sie von ihrem Papa, dessen italienische Abstammung sich nicht verleugnen lässt. Meine Augen sind hingegen blau. Wenn Leute also meine Töchter anschauen, sehen sie meinen Mann und nicht mich. Es ist nicht zu verkennen, dass sie zu ihm gehören.

Genau das ist auch unsere Bestimmung: wie unser Vater auszusehen, unverkennbar zu ihm zu gehören. Die Bibel ruft uns auf, »ahmt nun Gott nach als geliebte Kinder« (Eph 5,1). Unser Vater ist der Geber des Lebens. Indem unser Leben andere auf ihn hinweist, zeigen wir ihnen ihren Ursprung und den Treibstoff, mit dem sie leben und gedeihen können.

Der Sündenfall: Als wir zum ersten Mal glaubten, wir könnten wie Gott sein

Der Sirenengesang des Selbst ist so alt wie die Menschheit. Die erste Frage, die Satan stellte, war zugleich auch seine Lieblingsfrage: »Hat Gott das wirklich gesagt?« (1 Mose 3,1). Die Schlange wollte in Adam und Eva den Samen des Zweifels säen, ob Gott es wirklich gut mit ihnen meinte. Die ersten Menschen sollten sich fragen, ob Gott ihnen etwas vorenthält, ob sie nicht etwas Besseres verdient hätten als das, was er bereitstellte.

Die Schlange sagte zu Eva in 1. Mose 3,4–5 gewissermaßen: *Du wirst nicht sterben, wenn du die Frucht von diesem Baum isst; du wirst nur sein wie Gott. Du musst dir gar keine Sorgen machen. Möchtest du nicht sein wie Gott? Mach schon und beiß ab!* Als die Menschen zu Beginn von 1. Mose 3 auf die Lügen der Schlange hereinfielen, wurde Gottes Bild in uns getrübt. Das Leben im Garten, das Leben in ständiger Gemeinschaft mit unserem Schöpfer, endete.

Damals wie auch heute noch glauben wir, dass wir wie Gott sein können. C. S. Lewis schrieb:

> »Unseren Urahnen setzte Satan in den Kopf, sie könnten ›sein wie Gott‹; könnten sich unabhängig machen, als hätten sie sich selbst erschaffen; könnten ihr eigener Herr sein und getrennt und fern von Gott Glückseligkeit finden. Und aus diesem hoffnungslosen Unterfangen ging … die ganze furchtbare Geschichte des Menschen [hervor], der etwas sucht, was ihn glücklich machen soll, aber Gott außer Acht lässt.«[25]

Viele von uns stehen heute an dieser Stelle. Wir sind beim Sündenfall stecken geblieben. Wir sind von dem Gedanken, dass wir unser eigener Gott sein können, noch nicht weggekommen. Gottes Abbild in uns ist so unklar geworden, dass wir nicht mehr glauben, dass es jemals da war.

Die Frage, an die wir uns wagen müssen, ist diese: *Ist das meine Identität? Bin ich im tiefsten Inneren so?* Oder wie es Rosaria Butterfield ausdrückt: Ist das, »wer ich bin, oder hat mich Adams Sünde dazu gemacht? Ist das meine wahre Identität oder die entstellte, die auf die Macht von Adams Erbschuld und Erbverderbnis zurückzuführen ist und die meine tiefen und ursprünglichen Gefühle unzuverlässig und unwahr erscheinen lässt?«[26]

In anderen Worten: Ist diese gefallene Person, *wer* ich bin oder *wie* ich bin?[27] Bin ich mehr als eine ungeduldige Mutter? Mehr als ein überheblicher Angestellter? Mehr als ein Neider? Mehr als ein Ehebrecher? Mehr als ein Lügner? Mehr als ein Mörder? Mehr als eine wütende Ehefrau oder Tochter oder Schwester? Definieren mich diese Sünden oder bringen sie mich von dem ab, wie Gott mich geschaffen und wozu er mich erlöst hat?

Anfangs wurden wir ohne Sünde geschaffen. Erst der Fall brachte die sündige Natur in unser Leben, und die Erlösung baut eine Brücke zu Gottes ursprünglicher Absicht mit uns. Eines Tages, wenn Gott alle Dinge wiederherstellt, werden wir endgültig dort angekommen sein.

Erlösung: Gott bereitet einen Weg

Direkt nach dem Sündenfall erscheint Gottes Gnade – die Erlösung. In 1. Mose 3,15 verspricht Gott eine zukünftige Errettung, die durch Jesus kommen wird, der den Kopf Satans zertrümmern und ihn dadurch für immer besiegen wird.

Du darfst dir sicher sein: Gott ist nicht nur unser Schöpfer, er ist auch unser Erlöser. Er hat uns das Leben gegeben, und nachdem wir rebelliert hatten, schritt er ein und rettete uns. Er ist Schöpfer und Retter, Urheber und Erlöser. Diese unschätzbar guten Nachrichten werden wir im nächsten Kapitel weiter erkunden.

Wiederherstellung: Das verlorene Paradies wird restauriert

Wusstest du, dass unsere aktuelle, gefallene, heruntergekommene Welt nicht alles ist, was es gibt? Himmel und Erde werden wiederhergestellt. Freunde, das hier ist nur die Vorveranstaltung! Dieses Leben ist nicht alles. Unsere Gottesebenbildlichkeit bringt auch mit sich, dass wir ewig leben werden. Das verlorene Paradies wird wiederhergestellt. Der Apostel Paulus schreibt über unsere zukünftige Hoffnung:

> »Und ich hörte eine große Stimme von dem Thron her, die sprach: Siehe da, die Hütte Gottes bei den Menschen! Und er wird bei ihnen wohnen, und sie werden seine Völker sein, und er selbst, Gott mit ihnen, wird ihr Gott sein; und Gott wird abwischen alle Tränen von ihren Augen, und der Tod wird nicht mehr sein, noch Leid noch Geschrei noch Schmerz wird mehr sein; denn das Erste ist vergangen. Und der auf dem Thron saß, sprach: Siehe, ich mache alles neu! Und er

> spricht: Schreibe, denn diese Worte sind wahrhaftig und gewiss!« (Offenbarung 21,3–5)

Wir spüren das doch instinktiv, oder? Tief drinnen wissen wir, dass das nicht alles sein kann – dass etwas verloren gegangen ist, was wiederhergestellt werden muss. Unsere Vermutung stimmt. Lasst uns im Licht dieser Realität leben.

Diese vier Abschnitte zusammen stellen die große Geschichte der Bibel dar. Gott hat uns erschaffen, wir rebellierten gegen ihn, er errettete uns und eines Tages wird er alles wiederherstellen. Diese große Geschichte Gottes ist auch unsere Geschichte, weil wir in seinem Ebenbild erschaffen sind.

Wir müssen wissen, dass wir Teil dieser Geschichte sind, bevor wir wissen können, was wir tun sollen. Indem wir uns an diese Geschichte klammern und nicht vergessen, dass wir absichtsvoll und zu einem bestimmten Zweck erschaffen wurden, werden wir aufblühen.

Gott sagt: *Ich habe dich in meinem Bild gemacht, damit du zu meiner Ehre lebst.* Die Kultur sagt: *Mach dich selbst zu irgendeinem Bild, das dir gefällt, und lebe zu deiner eigenen Ehre.* Diese Berufung ist eine Fälschung, die uns zur Strecke bringt.

Gemeinschaft mit Gott bringt Freude

Freunde und Familie kennen mich für einen Spruch, den ich fast jeden Tag sage. Ursprünglich aus Colorado stammend und als eine Liebhaberin der Natur bin ich für den Ausruf bekannt: »Weidet eure Augen, Kinder!« Ob wir im Auto unterwegs oder beim Unkraut jäten sind, die Schönheit der Rocky Mountains lässt mich immer wieder innehalten. Ich muss es einfach sagen. Und jetzt sagen die Menschen in meinem Leben es auch zueinander.

Der Ausspruch hat sich in unserem Bekanntenkreis verbreitet, weil er auf etwas hinweist. Es ist nicht nur, dass die Majestät der Berge schön anzusehen ist. Es geht darum, dass diese Berge uns das Gefühl geben, klein zu sein, und uns auf etwas Großes – jemand Großen – hinweisen. Sie verkünden ihren Schöpfer. Sie erklären feierlich, dass Gott groß und mächtig ist. Wenn er sie geschaffen hat, kann er uns in seiner Hand halten. Sogar die Berge, die eigentlich nur große Felsen sind, weisen über sich selbst hinaus.

Du und ich wollen auch über uns hinauswachsen, oder? Wir sehnen uns nach einem Sinn, der größer ist als wir. Wir möchten bei etwas mitmachen, das wirklich zählt. Wir wurden zur Transzendenz geschaffen. Wir wurden so geschaffen, dass wir uns nach einer Bedeutung sehnen, die über unsere Lebenszeit hinausgeht und unsere Grenzen übersteigt.

Unsere natürliche Neigung zu Transzendenz reflektierend, schließt Tim Keller in Anlehnung an Augustinus: »Ob wir Gott anerkennen oder nicht: Wir werden immer nach der unendlichen Freude suchen, für die wir geschaffen wurden, um sie in Gemeinschaft mit dem Göttlichen zu finden.«[28]

Hast du das verstanden? Wir wurden geschaffen, um Freude in einer liebenden Gemeinschaft mit dem Göttlichen zu finden. Wir finden Freude, wenn wir in die Beziehung mit Gott investieren, wenn wir anerkennen, dass wir einen Schöpfer haben und wenn wir danach streben, zu seiner Ehre zu leben. Wenn wir anerkennen, wo wir herkommen und warum wir hier sind, werden wir in allen Höhen und Tiefen von ihm Freude empfangen.

Vielleicht spürst du das in den süßen Hochs des Lebens. Vielleicht spürst du Freude, wenn du auf den Ozean blickst oder wenn dein Baby dich anlächelt. Vielleicht spürst du Freude, wenn du eine tiefe Verbindung mit einem anderen Menschen mit einem komplett anderen Hintergrund erlebst, wenn du die verrückten Farben eines Aquariums betrachtest oder wenn du am Tag deiner Hochzeit zum Traualtar schreitest. Diese Freude ist tief, weil sie über uns hinausgeht. Sie verbindet uns mit Gott, der uns gemacht hat und auch die Dinge erschaffen hat, die wir gerade bestaunen.

An den Höhepunkten des Lebens glauben wir leichter, dass Gott gegenwärtig und gut zu uns ist – ein freundlicher Schöpfer, der mit uns ist. Er ist jedoch auch in den Tiefen da. Ich denke an Corrie und Betsie ten Boom. Corrie und Betsie waren Christen und lebten in den Niederlanden, als die Nazis durch Europa fegten und Juden sowie alle anderen, die in ihren Augen »lebensunwert« waren, inhaftierten und eliminierten. Zusammen mit ihrem Vater versteckten die beiden Schwestern Juden in ihrem Haus, wurden schließlich entdeckt und in das Konzentrationslager Ravensbrück geschickt.

In *Die Zuflucht*[29] schreibt Corrie über Betsies beständige Freude an Gott, auch in den furchtbarsten Herausforderungen. Sie erinnert sich an eine Nacht, in der Betsie sich die Worte der Schrift zu Herzen nahm. Sie glaubte, dass sie sogar im Konzentrationslager »allezeit fröhlich« und »dankbar in allen Dingen« (1 Thess 5,16–18) sein sollte. Also betete Betsie und dankte Gott für alles, was ihr einfiel: dass sie und Corrie zusammen waren, dass sie eine verbotene Bibel bei sich hatten, dass andere Frauen zuhörten, wenn sie aus der Bibel vorlasen, und sogar für die Flöhe, die sie befallen hatten.

Es überrascht nicht, dass Corrie entsetzt war, als Betsie für die Flöhe dankte. Betsie glaubte allerdings, dass selbst die Flöhe auf den Schöpfer hinweisen und einen Sinn haben – und das stimmte tatsächlich. Die Frauen fanden später nämlich heraus, dass der Flohbefall die Nazi-Aufseher davon abhielt, die Baracken zu betreten, weil sie Angst hatten, selbst Flöhe zu bekommen. So konnten die Frauen weiter in der Bibel lesen und Gottes Liebe mit den anderen Frauen teilen.

Nicht nur die Helden der Vergangenheit erleben Gottes Nähe im Schmerz. Meine eigene Schwiegermutter wurde über drei Jahre hinweg von ALS (Amyotrophe Lateralsklerose) regelrecht zerstört. Als sie im Sterben lag, wurde sie von unsäglichen Schmerzen gequält, die auch die Medikamente nicht mehr lindern konnten. Dabei sagte sie meinem Ehemann, ihrem Sohn, dass sie nichts ändern würde. Der Herr hatte sich so liebevoll um sie gekümmert und sie spürte seine Gegenwart und seinen Frieden in ihrer Stunde der Not so deutlich, dass sie ihre Krankheit für nichts eintauschen wollte.

Ähnlich ging es unserem lieben Freund Doug, der aufgrund einer sich rasant entwickelnden Krebserkrankung jung in den Himmel kam. Er ließ seine Frau zurück sowie fünf Kinder, die sie adoptiert hatten, und einen kleinen biologischen Sohn. Kurz vor seinem Tod saß Dougs Familie mit unter den Zuhörern, während Doug predigte und von Gottes Güte inmitten seiner Krankheit zeugte. Ich habe seine Worte an den Rand meiner Bibel geschrieben: »Ich weiß, dass ich bereits geheilt bin. Mit dem Wissen im Hinterkopf kann ich alles tun, worum Gott mich bittet.« Obwohl er so krank war, lebte Doug ganz aus seiner Beziehung zu seinem Schöpfer – er blühte sogar auf!

Die meisten Tiefen im Leben sind nicht so einschneidend wie ALS oder Krebs. Sie sind langsam und zermürbend: die komplizierte Ehe, die undankbare und ordinäre Arbeit, der mühsame Adoptionsprozess, die unerwartete Arbeitslosigkeit. Auch sie bieten Möglichkeiten unerwarteter Freude. Begegnen wir diesen Herausforderungen, indem wir im Herrn bleiben! Er gibt uns Antriebskraft und Zufriedenheit – und ja, sogar Freude – wenn wir es am wenigsten erwarten. Wir werden diese bleibende Freude in den Kapiteln 6 und 7 näher betrachten. Gott ist bekannt dafür, tiefe Freude zu schenken, wenn er unser Antrieb ist und wir ihn inmitten von Schwierigkeiten ehren.

Sowohl die Höhen als auch die Tiefen des Lebens weisen uns auf unseren Schöpfer hin. Sowohl Majestät und Schönheit als auch Leid und Schmerz erinnern uns daran, dass wir ewige Geschöpfe sind. Wir sind Teil einer Geschichte, die über uns selbst hinausgeht. Echt zu sein und unserer Identität treu zu sein, kommt nicht aus uns selbst, sondern nur, wenn wir durch unsere Beziehung zu Gott erfüllt sind und zu seiner Ehre leben. Als von ihm und für ihn geschaffene Wesen ist das unsere beste und wahrste Version des Selbst. Auf irgendeine andere Art zu leben, bedeutet unseren Niedergang.

Lasst uns zu unserem Schöpfer zurückkehren

Auf uns selbst gestellt sind wir in Gefahr. Unser Leben ist zerbrechlich und hängt von Kräften ab, die wir nicht kontrollieren können. Die Wahrheit ist jedoch, dass wir Teil einer großen – der größten – Geschichte sind. Wir sind keine verlorenen Einzelgänger-Typen, die ihre Bestimmung und Kraft selbst heraufbeschwören müssen – und das sind wunderbare Neuigkeiten! Wir gehören zu jemandem, und dieser Jemand ist damit beschäftigt, etwas in und durch uns zu bewirken.

Die Wahrheit, dass wir abhängige Wesen sind sowie von Gott und für Gott geschaffen wurden, ist befreiend. Wenn ich erkenne, dass mein Leben nicht mir selbst gehört, dass es von und für meinen absolut fähigen Schöpfer ist, muss ich mich nicht abmühen, meinen eigenen Erfolg zu erreichen. Es liegt nicht an mir, mich selbst großzumachen. Ich bin in seiner Hand, und er ist bereits der Größte.

Aufgrund des Sündenfalls wollen wir komplett von uns selbst abhängig sein. Gott aber sagt: *Kommt zu mir.* Wir müssen zu unserem Schöpfer zurückkehren und anerkennen, dass unser Leben, jeder Atemzug und alle Dinge von ihm kommen – und das ist etwas Gutes! Diese Neuigkeiten sind weder eine Einschränkung noch ein Hindernis in unserer Entwicklung. Sie sind der Schlüssel zu endloser Freude. Wie Augustinus sagte, werden unsere Herzen ruhelos sein, bis sie Ruhe in Gott finden.

Lasst uns zu unserem Schöpfer zurückkehren. Wir wurden von ihm und für ihn geschaffen, und wir sind berufen, in einer Beziehung mit ihm zu leben. Du und ich werden niemals aufblühen, nur weil wir wissen, *wer* wir sind; wir müssen auch wissen, *wessen* wir sind, und aus dieser Wahrheit heraus leben.

Fragen für die persönliche Reflexion oder Gespräche in der Gruppe

1. *Um wen geht es in der Bibel in erster Linie? Was ist die große Geschichte der Bibel? Wie lauten die vier großen Abschnitte jener Geschichte?*

2. *Welche Höhepunkte in deinem Leben haben dich auf den Schöpfer hingewiesen? Welche Tiefpunkte hast du erlebt, die dich zu ihm geführt haben?*

3. *Stimmst du mit der Aussage überein, dass wir bleibende Freude nur in der Beziehung mit Gott finden, oder widersprichst du ihr?*

4. *Hast du dich schon einmal ausgebrannt gefühlt, weil du mit dem Treibstoff des Selbst gefahren bist – mit großem Einsatz für deine eigene Ehre, als wärst du dein eigener Schöpfer? Lies Johannes 15,4–5 und denke darüber nach, was es für dich heißt, täglich in Jesus zu bleiben.*

5. *Wie kannst du Gott in deinem eigenen Leben konkret die Ehre geben?*

6. *Definiert dich dein sündiges, gefallenes Verhalten oder ist deine Identität in dem verwurzelt, wer dich geschaffen und erlöst hat? Warum ist diese Unterscheidung bedeutsam?*

7. Denke über Augustinus Aussage nach, dass unsere Herzen ruhelos sind, bis sie in Gott Ruhe finden. Hast du Ruhe gefunden?

8. Lies Psalm 16 und achte insbesondere auf Vers 11. Wie unterscheidet sich dies von der Weisheit der Welt? Bitte den Herrn, dass er dir dabei hilft, stets dem wahren »Weg zum Leben« zu folgen.

3

Verwurzelt in Christus

Ab 2004 lebten wir als Familie 10 Jahre lang auf einer subtropischen Insel. Da wir ursprünglich aus einem Wüstengebiet in Colorado stammen, waren mein Mann und ich nicht auf die Kultivierung des Dschungels vorbereitet, der sich unser Garten nannte. Mit Kultivieren meine ich, das Grünzeug zu bekämpfen, das ständig drohte, unser Zuhause zu übernehmen. Es fiel uns sehr leicht, das ganze Jahr lang Hibiskusblüten, dichtes, grünes Gras, blühenden Oleander und den Maulbeerbaum im Vorgarten zu genießen. Es hat aber viel Mühe gekostet, wenn wir den Weg zu unserer Haustür freihalten wollten, oder die Ranken davon abhalten mussten, unsere Fenster zu bedecken. Unsere besten Gartenwerkzeuge waren Macheten, die wir regelmäßig schärften.

Einer der produktivsten Bäume auf unserer Insel ist die Banyan-Feige. Der Banyan ist leicht erkennbar, da seine Wurzeln aus den hohen Ästen des Baums herauswachsen und dann tief in die Erde reichen. Hast du schon mal einen Baum gesehen, der seine Wurzeln von oben herabwachsen lässt? Die Wurzeln kommen auf allen Seiten herunter. Und zwar nicht nur ein paar Wurzeln, sondern genug, um eine Art Käfig um den Stamm des Baums herum zu bilden.

Als meine Kinder noch klein waren, liebten sie es, in den Banyans zu spielen. Die oberirdischen Wurzeln boten einen magischen Spielraum, ein kleines Königreich, in dem man sich in andere Rollen versetzen konnte. Während die Kinder Banyan-Bäume lieben, sehen das alle, die ihr Grundstück in Ordnung halten wollen, anders. Die Gärtner hacken täglich (gekleidet in einen Ganzkörper-Schutz), die Wurzeln weg, um eine Trennung zwischen Baumkrone und Erdboden beizubehalten.

Jede Wurzel, die aus den Zweigen des Banyans hängt, ist in der Tat ein neuer Baum. Er ist der Beweis für einen Samen, der sich in eine Spalte der Äste des Baums schmiegt. Aufgrund der Feuchtigkeit im Baum und in der Luft, lässt der kleine Samen schnell Wurzeln schlagen und schießt sie – in dem Versuch, ein eigener, neuer Baum zu werden – zum Boden. Wenn niemand diese Wurzeln abschlägt, verbreitet sich der Banyan und kreiert einen dichten, undurchdringlichen Dschungel.

Die Erde in den Subtropen ist reich, rot und immer feucht. Das nährstoffreiche Land unterstützt ohne Probleme einen üppigen Banyan-Wuchs. Aber zurück hier in Colorado schauen mein Mann und ich in unseren Hintergarten mit magerem, bräunlichem Gras und schütteln unsere Köpfe. Wir düngen. Wir durchlüften. Wir gießen ständig. Wir versuchen alles, um den üppig grünen Garten zu bekommen, den wir auf den Tüten mit der guten, gekauften Erde sehen. Die Realität ist aber, dass es Wurzeln schwer haben, ein Zuhause in unserer wüsten-trockenen Erde zu finden.

Wurzeln und Erde spielen eine Rolle

Um zu leben, müssen Pflanzen verwurzelt sein. Auch die Erde muss genau richtig sein, damit Pflanzen aufblühen. Die Wurzeln sind wichtig. Die Erde ist wichtig. Ohne die richtige Erde sterben die Wurzeln und die Pflanzen gehen ein. Genauso ist es mit uns Menschen und unserem zerbrechlichen Leben. Ohne tiefe Wurzeln im richtigen Boden gehen wir zugrunde.

Viele Jahre vor unserem Inselabenteuer, als ich mich auf dem Boden meines Zimmers im Studentenheim wiederfand – unfähig, wieder auf die Füße zu kommen –, war ich am Verwelken. Meine Wurzeln konnten mich nicht unterstützen, weil ich die Nahrung im falschen Boden suchte. Die Wurzeln meiner Seele konnten nicht tief in die Versorgung meines Schöpfers und Retters hineinwachsen, weil die Erde nicht gut war. Sie war kontaminiert.

Während da durchaus gute Dinge waren – ich glaubte an Gott und hatte mit 11 Jahren sogar ein öffentliches Glaubensbekenntnis an meinen Retter abgelegt – wurde die Wahrheit von vielen Giftstoffen angegriffen. Meine Seele brauchte reinen Boden, keine Doppelmoral wie die, in der ich lebte. Es musste eine Krise kommen. Ich musste am Ende sein, um zu merken, dass mein aktueller Lebensstil nicht tragfähig war.

Zerrissen

Ich bin zerrissen aufgewachsen. Als ich acht Jahre alt war, ließen sich meine Eltern scheiden und meine Zeit bis zum Studium war zwischen beiden aufgeteilt: eine Woche mit meiner Mama und eine Woche mit meinem Papa. Auch meine Ambitionen waren zweigeteilt. Ich strebte nach Erfolg, wollte aber auch Spaß haben – gute Noten und Führungsrollen, aber auch soziale Anerkennung. Selbst mein aufkeimendes geistliches Leben war zweigeteilt. Ich ging zum Gottesdienst, wenn es keine anderen sozialen Verpflichtungen gab. Ich folgte der Weisheit der Welt und hielt mir meine Optionen offen.

Dieser Lebensstil funktionierte eine lange Zeit. Ich schaue mit einem wohligen Gefühl auf die Kindheitsjahre und die Teenagerzeit zurück. Es war eine gute Zeit. Aber jene Tage waren gezählt. Gott sorgte in seiner Gnade dafür, dass die geteilten Ziele allmählich hohl klangen. Ich war mir dieser Veränderung gar nicht bewusst, bis ich wie ein Häufchen Elend auf dem Boden saß. Die akademischen und sozialen Erfolge, die ich genossen hatte, brachten mir nicht mehr das erhoffte Hochgefühl.

Zum ersten Mal sah ich, wie vergeblich mein geteiltes Leben in Wahrheit war. Meine Füße standen in zwei Welten. Ein Fuß jagte Auszeichnungen, Titeln, einem Traumjob sowie zukünftigem Reichtum und Berühmtheit hinterher. Der andere Fuß spazierte in der Kirche ein und aus – mit einer ungenauen Idee davon, dass Gott wichtig war, aber nicht davon überzeugt, dass er wichtiger war als alles, was die Welt mir bot.

Ich kannte die Worte Jesu zu dem Zeitpunkt nicht, aber sie wurden in meinem eigenen Leben real: »Und wenn ein Haus mit sich selbst uneins wird, kann es nicht bestehen« (Mk 3,25). Mein geteiltes Leben fing an, um mich herum einzustürzen. Gott erlaubte meinen weltlichen Ambitionen, ihren Bankrott zu erklären, sodass ich zu ihm rufen und ihn finden konnte.

Ich hatte den süßen Boden meines Erlösers mit der giftigen Erde meiner eigenen selbstsüchtigen Ziele und menschlicher Weisheit gemischt. Ich war tatsächlich ein »doppelherziges Wesen«[30].

Ich wollte ein wenig davon, was Jesus mir anbot – ein paar Nährstoffe und *das gute Zeug*, um mich aufzubauen – aber auch nicht so viel, dass Gott meine Erde reinigt und mich befähigt, seinen Willen über den weltlichen Vergnügungen zu priorisieren.

Ich war ein harmloser Christ. Tim Keller weist darauf hin, dass viele Menschen versuchen, »den christlichen Glauben anhand eines Spektrums zu verstehen, das von ›Namenschrist‹ bis ›Fanatiker‹ reicht. In diesem Schema wäre der ideale Christ irgendwo in der Mitte zwischen den beiden Extremen anzusiedeln – jemand, der nicht den ganzen Weg mitgeht. Der glaubt, aber sich dem nicht zu stark hingibt«.[31] Wir wollen gerade genug glauben, um vorbildliche Menschen zu sein und zu den »Guten« zu gehören. Aber wir möchten keine Fanatiker sein – diese Leute, die der Bibel tatsächlich glauben und ihr entsprechend leben. Die populäre Meinung ist, dass jene Menschen seltsam und extrem sind und Gott ihren Lebensstil, Status und Wohlstand nur unnötig einschränkt.

Jesus aber sagt uns, dass ein Haus, das mit sich selbst uneins ist, nicht bestehen wird (vgl. Mk 3,25). Unsere Füße können nicht sowohl mit der Welt als auch mit Christus mitgehen. Die Wege sind zu verschieden. Wir müssen uns für einen der Wege entscheiden.

Diese Gabelung auf dem Weg – dieser Moment, wenn wir merken, dass wir kein geteiltes Leben mehr führen können – ist ein gnädiges Geschenk. Es ist ein Werkzeug in den sanften Händen unseres liebenden Gottes, um uns zu sich hinzuziehen. In dem Moment, in dem wir auf dem Boden sitzen und nach Luft schnappen, sagt er: »Kommt her zu mir, … so werdet ihr Ruhe finden für eure Seelen« (Mt 11,28–29).

Dieser Moment

Wir alle kennen diesen Moment, wenn wir an unser Ende kommen. Als Christen sollte uns dies zu Christus führen. Ohne diesen Moment machen wir mit unserer eigenen Kraft weiter, verfolgen unsere eigenen Ziele und verhalten uns, als gehörten wir uns selbst. Es ist ein Geschenk, dass unsere Wurzeln in der falschen Erde verwelken. Die Krise des fehlenden Glücks, die so viele Frauen aktuell aushalten müssen, (wie im ersten Kapitel beschrieben) ist Gottes Geschenk. Es ist das Licht am Armaturenbrett, das uns warnt, dass etwas nicht stimmt. Es ist das verschwindende Gras, das dem Gärtner sagt, dass die Erde nicht gut ist.

In diesem Moment, wenn wir am Tiefpunkt angelangt sind, graben manche noch tiefer und bestehen darauf, dass dieser Weg der richtige ist. Sie verdoppeln ihre Bemühungen, bestätigen sich selbst auf dem Weg der Selbstverwirklichung und sind entschlossen, das doppelte Leben zu führen – unsere Ziele und Träume *plus* ein wenig Jesus, wenn wir ihn brauchen.

Wir versuchen immer wieder, uns an den eigenen Haaren aus dem Sumpf zu ziehen, aber anstatt befreit zu sein, sind wir versklavt. Wir versuchen es immer wieder, rennen schneller und drehen uns im Hamsterrad, um unsere eigene Gerechtigkeit zu kreieren – das Leben, die Freiheit, die Freude, die wir immer wollten.

Anstatt Freiheit zu finden, graben wir unser eigenes Grab, wie C. S. Lewis es ausdrückte. Er schrieb, dass wir uns verhalten, als gehörten wir uns selbst, und dass uns das auf die falsche Fährte führt, uns auf den Boden zurückbringt und zu einem Punkt führt, wo wir neu anfangen und aus dem Grab heraus wollen.[32]

Gott gibt uns mehr, als wir bewältigen können

Mit Sicherheit hast du die beruhigende Aussage schon gehört: *Gott legt uns nicht mehr auf, als wir tragen können*. Und vielleicht hast du dich dann gefragt: *Wirklich? Denn das hier fühlt sich nach viel mehr an, als ich tragen kann*. Ich bin da ganz bei dir – meiner Erfahrung nach gibt uns Gott oft mehr als uns angenehm ist, sodass wir zu ihm rufen. Diese Krisen, diese Kreuzungen sind ein Aufruf, »dass sie Gott suchen sollen, ob sie ihn wohl fühlen und finden könnten; und fürwahr, er ist nicht ferne von einem jeden unter uns« (Apg 17,27).

Zu Gott umzukehren, ist wie ein Tod. Uns wird bewusst, dass wir uns selbst, unserer Seele, unserer Zukunft und unserer Zufriedenheit nicht selbst helfen können. Wir brauchen etwas – jemanden – außerhalb unserer selbst. Wir brauchen unseren Schöpfer, der auch unser Erlöser ist, unseren Retter, unseren Lastenträger.

Dieser Moment, in dem wir merken, dass wir einen Erlöser brauchen, kann so unterschiedlich verlaufen, wie wir unterschiedlich sind. Für einige kommt er nach einem Unfall in einem Krankenhausbett. Bei anderen interveniert Gott durch Freunde oder die Umstände oder sogar Träume. Gott mag dich zu sich ziehen, wenn du es am wenigsten erwartest – wenn du ein Ziel und einen Höhepunkt im Leben erreicht hast und der Erfolg nicht so süß ist, wie du gedacht hattest. Auch diejenigen, die in christlichen Elternhäusern aufgewachsen sind, werden Momente erleben, in denen ihnen der Herr mehr auflegt, als sie tragen können.

Wir alle finden uns früher oder später – oder gar mehrmals – auf dem Boden wieder. Es mag der Tod eines geliebten Menschen sein, eine zerbrochene Ehe, eine Fehlgeburt, unser eigenes moralisches Versagen, unsere Fassungslosigkeit, nachdem wir wieder einer Versuchung nachgegangen waren, oder das Leben weit von zu Hause und unseren normalen Überlebensstrategien entfernt. Jeder von uns muss sich entscheiden, ob wir dann zu Gott schreien und ihn finden oder ob wir uns auf unsere eigene Kraft, unsere eigene Weisheit und die menschengemachte Unterstützung verlassen.

Wie Lewis sagte, finden wir uns in der Grube wieder, die wir selbst gegraben haben. Alle Menschen, die jemals auf dieser Erde gelebt haben, versuchten, ihr eigenes Leben, ihre Umstände und ihre Zukunft selbst anzupacken. Gott aber gibt uns in seiner Gnade mehr, als wir tragen können, damit wir zu ihm rufen, ihn suchen und finden.

Werden wir die Schaufeln weglegen, mit denen wir unsere eigene Grube graben? Werden wir aufgeben? Werden wir Gott erlauben, uns zu helfen? Werden wir Buße tun?

Dein Leben gehört nicht dir selbst

Wie ich in der Einleitung dieses Buches gesagt habe, gab Gott mir im Studium auch mehr, als ich tragen konnte. Es war das erste, aber definitiv nicht das einzige Mal, dass ich mich selbst nicht retten konnte. Vor diesem Moment war ich, wenn es hart wurde und mich die Umstände fertigmachten, in der Lage, mich selbst wieder herauszuholen. Ich war daran gewöhnt, aus einer schlechten Laune oder einer schlechten Phase oder was auch immer herauszukommen. Aber nicht dieses Mal. Die Traurigkeit, die Gott mir gegeben hatte, überwältigte mich.

In Gottes Vorsehung griff ich nach meiner Taschenbibel, die ich von zu Hause mitgebracht, aber nie aufgeschlagen hatte. Es fühlte sich an, als wollte mir Gott auf diesen Seiten Heilung und Freiheit anbieten. Aber ich spürte auch tief im Herzen, dass er alles von mir wollte – nicht nur die *Sonntagmorgen-Jen*, nicht nur die *Gehe-mal-zwischendurch-zur-Jugend-Jen*, nicht nur die *Moralisch-wenn-es-mir-gerade-passt-Jen*.

Als ich aus dieser Phase der Traurigkeit herauskam, blieben einige Verse von Paulus hängen, die er der Gemeinde in Korinth geschrieben hatte. Sie lauten: »Oder wisst ihr nicht, dass euer Leib ein Tempel des Heiligen Geistes ist, der in euch ist und den ihr von Gott habt, und dass ihr nicht euch selbst gehört? Denn ihr seid teuer erkauft; darum preist Gott mit eurem Leibe« (1 Kor 6,19–20).

»Du gehörst nicht dir selbst!« Das traf mich. Ich wurde von der Wahrheit wachgerüttelt, dass Gott etwas zu meinem Studium, meinem Sozialleben und meinen Finanzen zu sagen hatte. Weil ich von ihm geschaffen worden war, hatte er das Sagen darüber, mit wem ich ausging, wie ich mein Geld ausgab und welche Karriere ich anstrebte. Zu Partys zu gehen und dort Alkohol zu trinken, kam mir plötzlich komplett falsch vor. Eine Karriere auf Basis des erwarteten Einkommens zu verfolgen, klang jetzt hohl. Christus in mir bewirkte, dass das Streben nach weltlicher Anerkennung und die Bewunderung von Menschen, nach der ich mich zuvor gesehnt hatte, einen ekelhaften Nachgeschmack im Mund hinterließen.

Die Worte an die Korinther sind seitdem ein Lebensvers für mich geworden. Ich gehöre nicht mir selbst. Ich wurde von jemand anderem erschaffen und erlöst. Er schenkt mir den Atem in meinen Lungen. Diese erste Mehr-als-ich-ertragen-kann-Phase, diese Krise, die mich zu Boden warf, war der Moment, in dem Jesus mich gnädig in sich verwurzelte.

Was ist das Evangelium?

Wenn du schon jemals in einer Kirche warst, wirst du das Wort »Evangelium« gehört haben. Vielleicht hast du von dem Evangelium nach Matthäus, dem Evangelium nach Markus, Lukas oder Johannes gehört. Wir nennen die ersten vier Bücher des neuen Testaments »Evangelien«. Das Wort bedeutet »gute Nachricht«. Die ersten vier Bücher des neuen Testaments verkünden die guten Nachrichten von Jesu Leben, Tod und Auferstehung. Es sind die persönlichen Berichte von Matthäus, Markus, Lukas und Johannes, die sie selbst erlebten – oder bei Augenzeugen erfragt haben.

Das Wort »Evangelium« kann auch die Gute Nachricht bezeichnen, die wir in der gesamten Bibel finden. Um die Gute Nachricht wirklich schätzen zu können, müssen wir erst die schlechte Nachricht verstanden haben. Im letzten Kapitel haben wir darüber nachgedacht, dass wir von Gott zu seiner Ehre erschaffen wurden. Aber wir alle wandten uns von Gott ab und suchten unsere eigene Ehre. Niemand schätzt den Herrn seinem tatsächlichen Wert und seiner Bedeutung entsprechend. Weil wir uns von unserem heiligen und gerechten Gott abwandten, verdienen wir eine ewige Strafe. Die Bibel sagt deutlich, dass wir alle gegen Gott gesündigt haben und alle die Qual der Hölle verdient haben (vgl. Röm 3,23; 6,23, Joh 3,36; 1 Joh 5,12).

Gott aber, reich an Gnade, hat einen Weg geschaffen, damit wir der Hölle entkommen können. Jesus, der ganz Gott ist, kam freiwillig auf diese Erde und führte ein perfektes, sündloses Leben. Er trug dann die Strafe unserer Sünden, indem er am Kreuz starb, und besiegte den Tod und die Sünde, indem er von den Toten aufstand, sodass wir, die wir an Christus als Erlöser glauben, der Hölle entkommen und stattdessen mit Jesus im Himmel regieren können (vgl. Eph 2,1–10).

Die Gute Nachricht endet nicht mit unserer Errettung und Rechtfertigung – oder der Tatsache, dass Jesus unsere Strafe auf sich nahm, während er uns seine Gerechtigkeit gab –, sondern geht damit weiter, dass der Heilige Geist in uns Wohnung bezieht und uns hilft, Christus mehr wertzuschätzen als uns selbst. Während wir geheiligt und von innen heraus verändert werden, um mehr und mehr so auszusehen wie unser Erlöser, werden wir immer zufriedener und fröhlicher in ihm. Die Gute Nachricht gipfelt darin, dass Himmel und Erde in Christus versöhnt und wiederhergestellt werden. Wir, die wir ihm vertrauen und ihn schätzen, werden mit ihm für immer und ewig herrschen (vgl. 2 Tim 2,11–13).

In einem Artikel mit dem Titel »Was ist das Evangelium?« sagt Autor und Pastor John Piper:

> »An das Evangelium zu glauben, bedeutet nicht nur, die großartigen Wahrheiten zu bejahen, dass (1.) Gott heilig ist, (2.) wir hoffnungslose Sünder sind, (3.) Christus für Sünder gestorben und auferstanden ist und (4.) das Geschenk der Erlösung im Glauben an Christus angenommen werden kann. An das Evangelium zu glauben, bedeutet auch, Jesus Christus als einen unvorstellbar großen Reichtum wertzuschätzen. Was das Evangelium wirklich zur Guten Nachricht macht, ist, dass es den Menschen in die immerwährende und immer größer werdende Freude an Jesus Christus führt.«[33]

Dem Evangelium zu glauben und Jesus als Erlöser zu vertrauen, ist viel mehr, als der Verdammnis zu entkommen. Es bedeutet auch, für die Freiheit und Freude erwacht zu sein, die es nur in Christus gibt. Wenn wir dem Evangelium glauben, verändert das alles. Unser Verständnis von unserer Vergangenheit, Gegenwart und Zukunft wird neu orientiert, von einer selbst-fokussierten Lebensweise hin zu einer Jesus-zentrierten Lebensweise.

Was bedeutet es, im Evangelium verwurzelt zu sein?

Im Evangelium verwurzelt zu sein, ist so ähnlich, wie ein Banyan-Baum der Tropen zu sein. Die Baumwurzeln sind zahlreich. Sie schießen überall heraus und strecken sich nach der nährstoffreichen Erde aus. Die Bäume entwickeln sich aufgrund der vielen Wurzeln und üppigen Erde prächtig. Die Erde ist genau richtig – *exakt* so, wie es diese Organismen brauchen. Die Nährstoffe bringen den Baum dazu, hoch und breit zu wachsen und sich zu reproduzieren. Die weitreichenden Wurzeln befähigen den Baum inmitten von Wirbelstürmen, die jedes Jahr in den Tropen toben, fest zu stehen. Selbst die stärksten Stürme können einen Banyan-Baum nicht entwurzeln.

Die Wurzeln des Banyan-Baums verbinden den Baum mit seiner Lebensquelle, der Erde. Auch wir müssen in unserer Lebensquelle, dem Evangelium, verwurzelt sein. Als Christen wissen wir, dass das Evangelium die Gute Botschaft der Errettung ist. Es ist unsere Rettung vor der Hölle und die Befreiung für den Himmel.

Aber das Evangelium ist auch die Wahrheit, die uns vorantreibt und uns in allen Bereichen anspornt. Es ist die Grundlage unseres Lebens, unserer Weltanschauung und unseres Verständnisses der Realität. Das Evangelium ist die grundlegendste und wichtigste Wahrheit für alle Menschen. Schicken wir unsere Wurzeln in irgendeine andere Erde, dann gehen wir ein.

John Calvin schreibt: »[D]enn dies ist keine Lehre für das Maul, sondern für das Leben, und sie wird nicht bloß für den Verstand und für das Gedächtnis ergriffen, wie andere Wissenschaft, sondern dann erst wird sie ergriffen, wenn sie die Seele ganz einnimmt, und ihren Sitz und ihre Zufluchtsstätte gefunden hat in des Herzens tiefstem Grunde.«[34]

Anders ausgedrückt: Um die Wahrheit über das Evangelium wirklich zu glauben, muss man mehr tun, als verstandesmäßig damit übereinzustimmen. Die Wahrheit des Evangeliums soll uns verändern. Wenn sie das nicht tut, dann glauben wir nicht wirklich. Das Evangelium hat etwas darüber zu sagen, wie wir unsere Zeit verbringen, wofür wir unser Geld ausgeben, welche Ziele wir verfolgen, welche Karriere wir anstreben, welchen Hobbys wir nachgehen, welches Essen wir genießen – einfach alles!

Das Evangelium sagt, dass wir nicht uns selbst gehören.

Paulus betete, dass die Gemeinde verwurzelt sei

Das Wort »verwurzelt« kommt in der Bibel an zwei Stellen vor. Beide sind in Briefen von Paulus an Gemeinden zu finden, denen er beim Aufbau geholfen hatte. Die eine Gemeinde ist in Ephesus und die andere in Kolossä. In beiden Briefen spornt Paulus die Leser an, in dem Evangelium verwurzelt zu sein. Zunächst sagt Paulus zu den Ephesern:

> »Deshalb beuge ich meine Knie vor dem Vater, von dem jedes Geschlecht im Himmel und auf Erden seinen Namen hat,

> dass er euch Kraft gebe nach dem Reichtum seiner Herrlichkeit, gestärkt zu werden durch seinen Geist an dem inwendigen Menschen, dass Christus durch den Glauben in euren Herzen wohne. Und ihr seid in der Liebe eingewurzelt und gegründet, damit ihr mit allen Heiligen begreifen könnt, welches die Breite und die Länge und die Höhe und die Tiefe ist, auch die Liebe Christi erkennen könnt, die alle Erkenntnis übertrifft, damit ihr erfüllt werdet, bis ihr die ganze Fülle Gottes erlangt habt.« (Eph 3,14–19)

In diesen Worten schwingen Paulus Arbeit und Liebe für die Epheser mit. Erstens sagt er, dass er ernsthaft für sie betet. Er betet zu dem Vater aller Geschlechter, was bedeutet, dass wir alle von Gott geschaffen wurden. Paulus sagt, dass er Gott darum bittet, dass sie mit der Kraft des Heiligen Geistes erfüllt werden, sodass Christus in ihnen wohne. Er möchte, dass sie in Liebe verwurzelt und gegründet sind – nicht in irgendeiner Liebe, sondern in der Liebe des Vaters, der uns seinen Sohn gibt und mit dem Geist befähigt – das ist das Evangelium.

Die Liebe Christi, die alle Weisheit übersteigt, wird in der Botschaft des Evangeliums auf radikale Weise kommuniziert. Dieses Evangelium nahmen die Epheser im Glauben an, und Paulus betete dafür, dass sie es auch verstehen. Er sehnte sich danach, dass sie (und du und ich!) mit der Fülle Gottes erfüllt werden. Das Evangelium ist nicht untergeordnet. Es ist nicht zweitrangig. Es soll das Zentrum unseres Lebens als Nachfolger Christi sein.

Paulus beendete sein Gebet mit diesen kraftvollen Worten: »Dem aber, der überschwänglich tun kann über alles hinaus, was wir bitten oder verstehen, nach der Kraft, die in uns wirkt, dem sei

Ehre in der Gemeinde und in Christus Jesus durch alle Geschlechter von Ewigkeit zu Ewigkeit! Amen« (Eph 3,20).

Wenn wir das Evangelium im Glauben annehmen, wenn wir vom Heiligen Geist gestärkt werden, wenn Christus in unseren Herzen wohnt, wenn wir mit der Fülle Gottes erfüllt sind, dann kann Gott weit mehr tun als alles, wonach wir fragen oder was wir uns vorstellen können! Das ist die Kraft des Evangeliums in uns. Wenn diese Kraft wirkt, bringt sie Jesus durch alle Generationen hindurch Ehre.

Wir kehren zu diesem Thema in Kapitel 6 zurück, wenn wir darüber nachdenken, was es bedeutet, im Evangelium gegründet zu sein. Wenn wir in Christus verwurzelt und in Christus gegründet sind, werden wir in Christus feststehen. Das führt uns dazu, in dem Evangelium zu ruhen – eine Ruhe, die mehr bewirken kann, als wir uns vorstellen können.

Zweitens sagt Paulus in dem Brief an die Kolosser: »Wie ihr nun angenommen habt den Herrn Christus Jesus, so lebt auch in ihm, verwurzelt und gegründet in ihm und fest im Glauben, wie ihr gelehrt worden seid, und voller Dankbarkeit« (Kol 2,6–7).

Dieses Gebet weist auf den Moment hin, in dem die Kolosser sich dem Herrn hingegeben und dem Evangelium durch Gnade und Glauben vertraut haben. Paulus sagt, wenn du Christus empfangen hast, dann sei in ihm verwurzelt, sei in ihm fest gegründet und wachse aus dieser Grundlage heraus.

Es ist ein Schlüsselereignis, Christus zu empfangen und in dem Evangelium verwurzelt zu werden. Das verändert alles. Es ergreift Besitz von allen, die glauben.

Wurzeln im Evangelium, nicht in der Welt

Interessanterweise macht Paulus nach der Ermahnung an die Kolosser, in Christus verwurzelt zu sein, mit dieser Aufforderung weiter: »Seht zu, dass euch niemand einfange durch die Philosophie und leeren Trug, die der Überlieferung der Menschen und den Elementen der Welt folgen und nicht Christus« (Kol 2,8).

Das Zeitalter des Selbst sagt, dass Leben und Bedeutung mit uns beginnen und enden. Das aber ist leerer Betrug und ein Mensch-zentrierter Ansatz. Wie die Kolosser müssen wir uns der Philosophie unserer Kultur bewusst sein und sie mit der Wahrheit des Evangeliums abwiegen. Die kulturelle Luft, die wir atmen, sagt uns, dass wir an uns selbst glauben sollen und dadurch gerettet werden. Das wahre Evangelium sagt hingegen: »Glaube an den Herrn Jesus, so wirst du und dein Haus selig!« (Apg 16,31).

Die Evangeliumswahrheit, dass Gott sowohl unser Schöpfer als auch unser Erlöser ist, ist die einzige Erde, die uns ernähren kann. Wenn wir am Ende sind, müssen wir die Erde untersuchen, in der unsere Herzen Wurzeln geschlagen haben. Sind wir in uns selbst und in dieser Welt verwurzelt oder in der Kraft dessen, der uns gemacht hat und sich danach sehnt, uns zu retten? Ernährt der eine wahre Gott unsere Seelen? Rüstet er uns für das Leben aus und befähigt uns, ihm Ehre zu bringen? Oder ist unsere Erde giftig?

Nur Gott kann uns aufzeigen, was genau in unserer Erde giftig ist. Nur er kann uns zeigen, dass wir Nahrung suchen müssen, die von ihm kommt. Wenn wir in ihm verwurzelt sind, ist unser gesamtes Dasein für immer verändert.

Vor vielen Jahren durfte ich mit einer Gruppe Frauen draußen an einem Mittagstisch in Südostasien sitzen und zusehen, wie meiner Freundin Shannon die Augen für das Evangelium geöffnet wurden. Wir Frauen halfen dabei, ein Camp in dem Waisenhaus zu leiten, in dem meine Tochter gelebt hatte. Als Vorbereitung für die Zeit lasen wir gemeinsam das Buch Jakobus. Unsere Unterhaltung am Mittagstisch drehte sich um Jakobus Worte – speziell darum, dass er sagt, dass Glaube ohne Werke tot sei (vgl. Jak 2,14–17).

Jakobus meint, dass sich echter Glaube in den Taten der Gläubigen manifestieren wird. Diejenigen, die Gnade und Güte von Jesus angenommen haben, werden diese Gnade und Güte anderen weitergeben wollen. Echte Christen werden einfühlsam und großzügig sein. Die Unterhaltung entwickelte sich von guten Taten, die Menschen in Not angeboten werden, hin zu anderen Bereichen des Lebens. Die Frauen sprachen angeregt darüber, wie sich echter Glaube in der Ehe, dem Muttersein, der Karriere oder den Nachbarschaftsbeziehungen eines Gläubigen zeigt.

Shannon hörte still zu, während ihre Augen von einer Frau zur anderen gingen. Schließlich schob sie ihren Plastikstuhl zurück und sagte: »Ich glaube, ich muss mich übergeben.« Ich folgte ihr, als sie ein paar Schritte vom Tisch fortging und ihr Gesicht in den Händen vergrub. Nach ein paar Minuten sagte sie: »Ich glaube nicht, dass ich ein Christ bin. Ich glaube, was die Bibel sagt, aber mein Glaube hat keinen Einfluss auf den Rest meines Lebens. Es hat keinen Einfluss auf irgendjemanden in meiner Familie. Wir glauben, dass es wahr ist, aber es hat nie eine Rolle dabei gespielt, wie wir leben. Ich kann nicht glauben, dass ich kein Christ bin. Ich dachte immer, ich sei einer.«

Was für ein guter und freudiger Moment! Shannon kam an ihre eigene Grenze. Sie wollte wissen, was ihre nächsten Schritte sein sollten. Ich ermutigte sie, einfach zu beten – ihrem Schöpfer und Erlöser zu sagen, dass sie für sein Geschenk der Erlösung dankbar ist, es annehmen und mit ihm für den Rest ihres Lebens leben möchte. An Ort und Stelle, in der Hitze und im Staub und während der Rest der Frauen uns zusah, falteten wir unsere Hände, senkten unsere Köpfe und beteten.

In diesem Moment ergriff das Evangelium Besitz von Shannons Seele. Genau an diesem Ort zog der Heilige Geist ein, gab ihr neues Leben, eine Ewigkeit mit ihm und tiefe, bleibende Freude. Sie wurde in Christus verwurzelt.

Und so ist es mit allen, die glauben: »Denn wenn du mit deinem Munde bekennst, dass Jesus der Herr ist, und glaubst in deinem Herzen, dass ihn Gott von den Toten auferweckt hat, so wirst du gerettet. Denn wer mit dem Herzen glaubt, wird gerecht; und wer mit dem Munde bekennt, wird selig« (Röm 10,9–10).

Die Evangeliumswurzeln sind nur der Beginn einer lebenslangen Reise, die wir im weiteren Buch entdecken wollen. In Christus verwurzelt zu sein, ist nicht der einzige Schritt dahin, die bleibende Freude zu finden, die du suchst, aber es ist der entscheidende, erste Schritt.

Fragen für die persönliche Reflexion oder Gespräche in der Gruppe

1. *Hast du »diesen Moment« erlebt? Kannst du davon berichten, dass du an dein Ende kamst und dich ganz Jesus hingegeben hast?*

2. *Wann hat Gott dir mehr auferlegt, als du tragen konntest?*

3. Welche Verse des Abschnittes »Was ist das Evangelium?« haben dich bewegt?

4. Paulus hat zu den Kolossern gesagt: »Wie ihr nun angenommen habt den Herrn Christus Jesus, so lebt auch in ihm, verwurzelt und gegründet in ihm und fest im Glauben, wie ihr gelehrt worden seid, und voller Dankbarkeit« (Kol 2,6–7). Wie könnte das in deinem Leben jetzt aussehen? In welchen Bereichen musst du dich in Jesus verwurzeln?

5. Kämpfst du aktuell mit einem geteilten Leben? Wie können dir deine Schwestern in Christus dabei helfen, dich zur Rechenschaft ziehen und für dich beten?

6. Antworte auf das Zitat von Calvin: »[D]ann erst wird [die Lehre] ergriffen, wenn sie die Seele ganz einnimmt, und ihren Sitz und ihre Zufluchtsstätte gefunden hat in des Herzens tiefstem Grunde.« In welchen Bereichen deines Lebens musst du der Lehre erlauben, Besitz zu ergreifen?

7. Lies Epheser 3,14–21 und denk darüber nach. Bete diese Verse für dich selbst.

4

Du bist, was du isst

Eine meiner engsten Freundinnen ist ein eineiiger Zwilling. Obwohl wir uns nun seit fast zwanzig Jahren kennen, habe ich Alivias Zwilling bis vor ein paar Jahren nie kennengelernt. Ich habe Fotos von Alison gesehen, Geschichten über sie gehört und sogar am Telefon mit ihr gesprochen. Die Fotos und Stimmen von Alivia und Alison schienen mir identisch zu sein.

Als Alison dann zusammen mit Alivias Familie unsere Gemeinde besuchte, dachten sie, es wäre ein großer Spaß, mir einen Streich zu spielen. Du ahnst sicher schon, in welche Richtung es geht. Da kam »Alivia« mit ihren vier Kindern in die Gemeinderäumlichkeiten. Sie kam direkt auf mich zu, die Arme zu einer Umarmung ausgebreitet, so wie sie es immer tut. Ich wusste allerdings sofort, dass irgendetwas nicht stimmte. Bevor sie mich umarmen konnte, streckte ich meine Arme aus und sagte: »Moment mal! Was ist hier los?« Wir alle brachen in Gelächter aus, als Alivia um die Ecke lugte und ich merkte, was vor sich ging. Die Kinder waren alle enttäuscht, dass ich auf den Trick nicht hereingefallen war.

Mein Ehemann dagegen wusste nicht, wie ihm geschah. Mark bereitete sich gerade auf den Gottesdienst vor, als Alison, die keinen Trick spielte, zu ihm ging und ihre Hand ausstreckte: »Mark, ich wollte mich nur kurz bei dir vorstellen.« Er fragte sich, ob Alivia ihren Verstand verloren hätte. Alison aber redete einfach weiter, während mein Mann lediglich sprachlos dastand.

Als meine Töchter Alison mit Alivias Kindern im Schlepptau sahen, nahmen sie natürlich an, sie sei Alivia. Meine Jüngste sagte, sie konnte die beiden keinesfalls auseinanderhalten. Meine beiden anderen Töchter meinten, sie hatten den Verdacht, dass Alison nicht Alivia sei, als sie zu sprechen anfing.

Wir alle reagierten unterschiedlich auf Alivias Zwilling, je nachdem wie gut wir Alivia kannten. Ich konnte in Alisons Augen erkennen, dass sie nicht meine Freundin war. Obwohl ihre Haare, ihr Benehmen, ihr Outfit und selbst die Art, wie sie geht, Alivia genau glich, wusste ich, dass sie es nicht war. Und obwohl Alivia über Jahre hinweg immer wieder bei uns zu Hause gewesen war, hatten meine Kinder und mein Mann nicht mit ihr zusammengesessen, mit ihr gelacht und geweint.

Oft können wir eine Fälschung nur dann erkennen, wenn uns das Original sehr vertraut ist. Ist das nicht der Fall, werden wir nicht erkennen, wenn die Fälschung zur Tür hereinkommt, und uns die Hand schüttelt. So ist es auch mit geistlicher Wahrheit. Wenn du und ich mit der Offenbarung Gottes und seiner Wahrheit durch das Wort nicht vertraut sind, stehen wir in der Gefahr, Fälschungen zu glauben, wenn sie uns als Wahrheit präsentiert werden.

Wie wir in Kapitel 1 gesehen haben, hat der Aufstieg des autonomen Selbst alle gesellschaftlichen Fronten erobert. Wir haben uns selbst vergöttlicht und alles andere in unserer Gesellschaft muss sich verbeugen. Die Kirche ist von dieser Revolution nicht verschont geblieben. Fälschungen sind im Schafsfell in die Kirche hereingekommen und haben uns überrascht.

Unbemerkt sind wir von einem Gott-zentrierten Glauben zu einem Ich-zentrierten Glauben geglitten. Irgendwann haben wir aufgehört zu fragen: »Wie kann ich Gott dienen?«, und stattdessen die Frage gestellt: »Wie kann Gott mir dienen?«

Eine Ich-zentrierte Beziehung mit Jesus

Während die Verschiebung der Gott-Zentrierung zur Ich-Zentrierung hauptsächlich dem Sirenengesang des Selbst zu verschulden ist, wurde sie ungewollt von der gut gemeinten Priorisierung der persönlichen Beziehung der Gläubigen zu Jesus verstärkt.

Tatsächlich ist die persönliche Hingabe an den Herrn, wie wir in Kapitel 3 gesehen haben, von entscheidender Bedeutung. »Dieser Moment« muss für jeden Christen kommen. Jeder von uns muss ganz persönlich in Christus verwurzelt sein und in Christus bleiben. Wie bei einem Ölunglück im Ozean hat die Betonung der *persönlichen* Beziehung sich jedoch auf Bereiche ausgebreitet, die nie davon berührt werden sollten.

Zum Beispiel wurde die durchaus korrekte Ermutigung und Überzeugung von Gläubigen, eine persönliche stille Zeit mit dem Herrn zu haben, dahingehend verändert, dass wir »nun glauben, dass die Bibel uns unmittelbar anspricht. Das sieht man deutlich an der Nachfrage für Bibelandachten, in denen Bibelverse zu Gottes privaten, ermutigenden Worten nur für mich verwandelt werden.«[35] Anders ausgedrückt streben wir nicht mehr danach, die Bibel als das zu studieren, was sie ist: das Wort Gottes. Stattdessen suchen wir nach besonderen Worten, die allein für unsere höchstpersönliche Anwendung gedacht sind.

Ich kann das gut verstehen. Wie oft habe ich die Seiten der Bibel am Morgen müde umgeblättert und Gott um einen geistlichen Muntermacher gebeten! Wie oft habe ich so lange weitergeblättert, bis ich die perfekte Zeile, die genau richtige Ermutigung für meine Situation gefunden hatte! Dieser Zugang ist nicht komplett falsch, aber er reicht nicht aus. Er legt den Fokus zu stark auf uns, statt auf den Autor.

Die oberflächliche Nutzung des Evangeliums im Streben danach, was es dir oder mir individuell anbieten kann, ist zerstörerisch, weil uns nicht klar ist, was wir verpassen. Während wir hier und da an Krumen naschen, verpassen wir das Festmahl, das Gott für uns vorbereitet hat. In seinem Buch, *Saving the Bible from Ourselves*, sagt Glenn Paauw: »Unser Fokus ist persönlich nutzungsorientiert statt doktrinär systemzentriert ... Es ist jedoch zweifelhaft, dass Gottes Intention, als er uns die Bibel gab, war, dass wir uns wertvolle Souvenirs ausschneiden und kopieren und die Geschichte an sich außen vor lassen.«[36]

N. T. Wright spricht dabei von dem »magischen Buch«-Syndrom, bei dem die Bedeutung wenig damit zu tun hat, was die Autoren des ersten Jahrhunderts beabsichtigten. Vielmehr interpretieren wir die Schrift entsprechend unserer eigenen Art der Spiritualität oder Lebensweise.[37] Ich fürchte, dass wir in dieser Hinsicht schuldig sind. Wir pochen auf die Bibel, damit sie zu dem *einen* Moment, zu unseren Bedürfnissen oder unseren Gewohnheiten passt, und verpassen dadurch ein volles, tieferes Verständnis von Gottes großer Geschichte.

Wir sehen diese Priorisierung in den Regalen der christlichen Buchläden. Christliche Nachfolge hat sich in Selbsthilfe verwandelt. Es werden Bücher geschrieben und vermarktet, die dir helfen sollen, eine bessere Version von dir selbst zu werden. Anstatt die Güte Gottes zu proklamieren, laden dich die Titel dazu ein, deine beste Version zu werden und dein bestes Leben zu leben.

Die Selbstfokussierung wird auch in der populären christlichen Musik sichtbar. Wenn du eine Stunde damit verbringst, dir christliche Musik anzuhören, wird dir auffallen, dass viele Titel und Texte sich eher um uns selbst als um Gott drehen. Was so problematisch an der Betonung des Selbst in der Lobpreis-Musik ist, stellt Keith Getty so dar: »Was wir singen, das wird zur Grammatik unseres Glaubens.«[38] Musik ist nicht neutral. Sie beeinflusst unseren Verstand, unsere Herzen und Seelen. Selbstzentrierte Lieder verstärken unser natürliches Ich-bezogenes Fleisch und unsere selbstzentrierte Kultur.

Alles in allem nutzen wir Christen ein verkürztes Evangelium – sei es in unserer stillen Zeit, in unseren Büchern oder in unserer Musik. Anstatt die Herrschaft Gottes zu suchen, versuchen wir, ihn zu leiten. Anstatt uns dem allmächtigen Gott unterzuordnen, fordern wir von ihm, sich uns unterzuordnen. Wir versuchen, Gott in unserem Bild zu erschaffen, anstatt als von ihm geschaffene Wesen zu leben. Anstatt zu fragen: »Wie kann ich Gott dienen?«, fragen wir: »Wie kann Gott mir dienen?«

Big Mac versus Filet Mignon

Es ist, als würden wir uns von Big Macs ernähren, obwohl Filet Mignon zur Verfügung steht. Fast Food ist essbar. Du kannst damit überleben, zumindest eine Weile. Ausschließlich Fast Food zu essen wird dich nicht unbedingt umbringen, aber es wird dazu führen, dass du dich nicht wohlgenährt, sondern schlecht fühlst.

Neueste medizinische Untersuchungen zeigen, dass Fast Food abhängig macht. Forscher und Mediziner behaupten, dass die Zutaten im Fast Food die Chemikalien in unserem Gehirn verändern, sodass wir mehr davon wollen.[39] Viele von uns können davon berichten, dass sie in einem Kreislauf schlechter Ernährung gefangen waren und gleichzeitig mehr davon wollten.

Wenn wir bei klarem Verstand sind und uns die nötige Zeit nehmen, um eine ausgewogene Entscheidung zu treffen und keine aus dem Hungergefühl heraus – wer würde einen Big Mac wählen, wenn ein saftiges, zartes und mageres Filet Mignon zum gleichen Preis am gleichen Ort verfügbar wäre? Wir würden wohl alle das Steak wählen. Warum sollten wir Fast Food essen, wenn auch gesundes, ausgewogenes, wohltuendes Essen auf dem Tisch steht?

Wir sind eine Generation, die mit geistlichem Fast Food aufgewachsen ist und wir sind krank. Es ist höchste Zeit, dass wir uns an den Tisch setzen, dort verweilen und an dem Festmahl schlemmen, das der König für uns vorbereitet hat. Das Evangelium ist das nährstoffreichste Essen, das wir für unsere Seelen zu uns nehmen können. Es ist frei vom Selbst. Es dreht sich um Christus, der gekreuzigt wurde, auferstand und wiederkommen wird.

Um besser zu verstehen, welche schlechten Nahrungsmittel wir weglassen müssen, lasst uns einen Blick auf die Fast Food-Mahlzeiten werfen, die wir in den vergangenen Jahrzehnten zu uns genommen haben. Wir werden untersuchen, was daran so ungesund ist. Und dann schauen wir uns die Filet-Mignon-Alternative an. Mit Gottes Hilfe werden du und ich am Ende des Kapitels hoffentlich motiviert sein, unsere geistliche Speisekammer auszuräumen und uns zu einer soliden Ernährung zu verpflichten.

Das Glaub-an-dich-selbst-Evangelium

Die selbstzentrierte Lehre hat sich eingeschlichen, die Zelte aufgeschlagen und ist so breitflächig akzeptiert, dass wir nicht einmal mehr damit ringen. »Glaube an dich selbst!« ist das Fast Food, das ich aus zwei Gründen für das Schädlichste heute halte. Erstens ist es attraktiv. Wir werden natürlich angezogen. Zweitens ist es subtil und heimlich. DIY (Do-It-Yourself) ist in allen Bereichen angesagt: DIY-Hausrenovierungen, DIY-online-Abschlüsse, DIY-Ehezeremonien, DIY-Kieferorthopädie, DIY-Diagnostik und -Verschreibung. Warum also nicht auch DIY-Geistlichkeit?

Das Glaub-an-dich-selbst-Evangelium richtet großen Schaden in der Kirche an, besonders in der Frauenarbeit. Dieses falsche Evangelium sagt, dass Gott möchte, dass du glücklich bist. Du bist genug, so wie du bist. Es liegt an dir selbst, in dich zu schauen und dich selbst erfolgreich und zufrieden zu machen.

Dieses falsche Evangelium ist der Pulsschlag der jungen Frauen und Mütter. Es ist eine nette Ermutigungsrede, die wir uns selbst und einander halten, um einen neuen Tag im Studium, als Single, als Mutter oder im Arbeitsleben zu bewältigen. »Glaube nur an dich selbst«, wiederholen wir. Wir haben es sogar auf Sofakissen, Kaffeetassen und T-Shirts stehen. Es ist auf Kreidetafeln, in Blogs und auf Instagram-Posts zu finden. Es ist überall.

Glaub-an-dich-selbst ist aus zwei anderen falschen Evangelien geboren, die die Kirche in den letzten Jahrzehnten infiltriert haben. Diese zwei extragroßen Mahlzeiten sind zu einer kraftvollen Kombination verschmolzen, der man nur schwer widerstehen kann.

Das erste ist der moralistisch-therapeutische Deismus (MTD), der zum ersten Mal 2005 geprägt wurde, als die Soziologen Christian Smith und Melina Lundquist Denton etwa dreitausend Teenager interviewten und ihre Erkenntnisse im Buch *Soul Searching: The Religious and Spiritual Lives of American Teenagers*[40] festhielten.

MTD kann so zusammengefasst werden: Es gibt einen Gott und er möchte, dass wir sowohl selbst glücklich als auch nett zu anderen sind. Er wird nur gebraucht, wenn einer dieser Werte in Gefahr ist. Und alle guten Menschen kommen in den Himmel. Ich muss mit den Forschern übereinstimmen, wenn sie schließen, dass »ein signifikanter Teil des Christentums in den Vereinigten Staaten tatsächlich [nur] schwach christlich ist in dem Sinn, dass es ernsthaft mit der tatsächlichen historisch-christlichen Tradition verknüpft ist, sondern es ist eher substantiell in das christliche Stiefkind transformiert, der moralistische therapeutische Deismus«.[41]

Nicht nur der individuelle Christ nimmt eine Diät von MTD zu sich – auch das institutionalisierte Christentum im Westen ernährt sich davon. Albert Mohler kommentiert die Studie und fasst zusammen, dass die Autoren argumentieren, »dass diese Verzerrung des Christentums nicht nur in den Köpfen der Menschen, sondern auch ›in den Strukturen zumindest einiger christlicher Organisationen und Institutionen‹ Wurzeln geschlagen hat.«[42]

Das bedeutet, dass unsere Gemeinden sowie unsere Hauskreise und christlichen Werke die falsche Lehre des MTD verstärken. Von allen Seiten hören Christen, dass Gott möchte, dass du glücklich und nett bist. Sie hören, dass er dich einfach tun und machen lässt, bis du ihn wieder einmal für dein Wohlbefinden brauchst. Und solange du ein guter Mensch bist, kommst du natürlich in den Himmel. Klingt das wie eine Mahlzeit, die du in der letzten Zeit zu dir genommen hast? Oder wie etwas, das dir deine Bücher auf dem Nachttisch oder deine Gemeinde servieren?

Ein zweiter Zulieferer für die Glaub-an-dich-selbst-Bewegung ist das Wohlstandsevangelium. In ihrer grundlegendsten Form sagt diese falsche Lehre, dass du gesund und wohlhabend sein kannst, wenn du nur genug Glauben hast. Du denkst gerade womöglich an die übertriebenen Fernseh-Evangelisten oder Autoren, die offensichtlich von der biblischen Lehre abgewichen sind. Das Wohlstandsevangelium kann aber auch sehr subtil sein. Es kommt in dem unausgesprochenen, aber weithin akzeptierten Glauben an die Oberfläche, dass Gott möchte, dass ich glücklich und erfolgreich bin. Als sein Kind sollten mir weder Leid noch Schwierigkeiten begegnen.

Diese falsche Lehre steht jedoch im Gegensatz zur Schrift. Jesus sagte: »Will mir jemand nachfolgen, der verleugne sich selbst und nehme sein Kreuz auf sich und folge mir. Denn wer sein Leben erhalten will, der wird's verlieren; wer aber sein Leben verliert um meinetwillen, der wird's finden. Was hülfe es dem Menschen, wenn er die ganze Welt gewönne und nähme doch Schaden an seiner Seele? Oder was kann der Mensch geben, womit er seine Seele auslöse?« (Mt 16,24–26).

Trotz dieser klaren Lehre in der Schrift scheint das Wohlstandsevangelium »aus manchen christlichen Texten und Lehren zu folgen und lässt sich aus den Haltungen anderer Teilnehmer einer Gemeinschaft schließen«[43]. Ob wir es nun zugeben oder nicht – viele von uns leben aus dem Wohlstandsevangelium und veranlassen andere dazu, dasselbe zu tun, indem wir unseren Fast Food-Glauben ausleben.

Unsere Happy-Meal-Sucht brechen

Die Mahlzeit, zu der wir heute am ehesten tendieren, ist das Glaub-an-dich-selbst-Evangelium, das aus dem MTD sowie dem Wohlstandsevangelium rührt. Es ist gefährlich, weil es gut klingt, sich gut anfühlt und einen Funken Wahrheit enthält. Es ist tatsächlich biblisch, wenn wir sagen, dass du und ich von einem guten Gott geschaffen wurden. Es stimmt, dass er uns in seinem guten Bild schuf und uns gute Gaben, Fertigkeiten und Fähigkeiten gab, damit wir hart arbeiten und viel erreichen, solange wir da auf der Erde leben.

Und doch verläuft dieses Denken im Sand, wenn wir uns auf uns selbst verlassen, um Kraft zu tanken. Es wird zu einem falschen Evangelium, weil es ein in sich gekehrtes Evangelium ist. Tatsächlich ist es eine Form der Gesetzlichkeit. Wir erwarten Segen aufgrund unserer selbstgesteuerten Bemühungen. Wir möchten unsere Erlösung dadurch verdienen, dass wir tief graben und uns mehr bemühen. Dieses Evangelium sagt uns: »Tu dies, dann wirst du jenes bekommen!« Es ist die Anweisung, sich auf eine bestimmte Art zu verhalten, um bestimmte Ergebnisse zu erzielen.

Wir sehen diese Art des Denkens konzentriert in der These eines beliebten Buches. Die Autorin schreibt: »Du – und nur du allein – bist am Ende dafür verantwortlich, wer du wirst und wie glücklich du bist.«[44] Anstatt sich auf Christus zu fokussieren, liegt der Fokus auf dem Selbst. Wenn wir diesem Paradigma nachgeben, müssen wir unsere eigenen Erlöser sein.

Meine Freundin Steph hat vor Kurzem das Problem dieser Lehre dargestellt. Steph hat zwei junge Söhne und befindet sich in dieser kräftezehrenden Phase des Lebens, an die ich mich gut erinnere. Es ist eine Phase, in der sich fünf Stunden ununterbrochenen Schlafes wie ein Winterschlaf anfühlen und eine Fahrt zum Einkauf allein dir wie ein Wellness-Tag vorkommt. Steph kam müde und schwer belastet zum Hauskreis bei mir zu Hause. Sie konnte ihre Tränen nicht zurückhalten.

Sie erzählte von Nachrichten, die Freunde ihr geschickt hatten, die der Meinung waren, dass sie mehr tun müsse, um sich selbst glücklich zu machen. Steph sagte: »Ich fühle mich schrecklich. Diese Nachrichten geben mir das Gefühl, dass ich alles allein auf die Reihe bringen muss. Ich schaffe nicht, wovon mir meine Freundinnen sagen, dass ich es tun soll. Ich habe diese Woche nicht einmal geduscht.«

Du und ich und Steph werden niemals durch unser gutes Benehmen gerettet. Wir werden niemals unseres eigenen Glückes Schmied sein. Bleibende Freude kommt von Jesus, nicht von innen heraus. Wie Autor und Pastor Jared Wilson sagt: »Die Essenz der christlichen Botschaft ist nicht ›Benimm dich!‹, sondern ›Siehe!‹«[45]

Das Herz von spirituellem Fast Food ist, uns zu sagen, wie wir uns benehmen sollen, anstatt uns zum Hinsehen aufzufordern. Hinsehen auf wen? Jesus! Die Abweichung vom christlichen Glauben kann dadurch erkannt werden, dass wir aufgefordert werden, unsere Verhaltensweisen und Gewohnheiten nach innen auf uns selbst zu richten und nicht nach außen auf unseren herrlichen Erlöser.

Bekenntnis führt zu Freude

Geistliches Fast Food dreht sich um Glück, aber führt nicht zu wahrer Freude tief in der Seele. Sie ist schnell, billig und leicht – genauso wie die entsprechende Mahlzeit für unseren Körper. Unsere innere Stärke trocknet aus und wir sind nach kurzer Zeit erneut hungrig. Wir werden nach dieser Wohlfühl-Botschaft süchtig und wollen mehr. Aber jedes Mal, wenn wir etwas davon zu uns nehmen, ist es wie bei einer Droge: Es hat nicht die gleiche Wirkung wie beim letzten Mal. Wir brauchen bei jeder Mahlzeit eine höhere Dosis, um uns anzutreiben und weiterzumachen.

Was du und ich mehr brauchen als kurzfristiges Glück ist ewige Freude. Und das Bekenntnis ist das Tor dorthin. *Bekenntnis führt zu Freude*. Wenn wir bekennen, dass wir nicht genug sind, dass wir in uns nicht die Kraft haben, um erfüllt zu sein, dass wir sündigen, dass wir nicht hinterherkommen, dass wir in unserem Leben und im Leben anderer Chaos anrichten, dass wir es in diesem Leben nicht allein schaffen, dass Jesus der einzige Weg ist, die einzige Wahrheit und das einzige Leben, dann können wir unseren Klammergriff endlich lösen und ausatmen.

Fühlt es sich nicht gut an, loszulassen? Dein Leben gehört nicht dir selbst. Du bist nicht genug. Du bist nicht alles, was du brauchst. Aber Jesus ist da, und er *ist* genug. Er ist dein Leben. Er ist alles, was du brauchst. Atme!

Unsere Kultur bringt uns immer wieder dazu, dass sich unser Blick auf uns selbst richtet, aber unser Blick muss sich auf Jesus richten. Wir müssen anerkennen, bekennen, Buße tun und das wiederholen. Die Gewohnheit und Umsetzung von Bekenntnis und Buße »schlägt die säkulären Liturgien der Selbstsicherheit zurück, die dir immer und immer wieder implizit beibringen, an dich selbst zu glauben – ein falsches Evangelium der Selbstversicherung, das Gnade ablehnt«.[46]

An sich selbst zu glauben, bedeutet, Gnade abzulehnen. Als ob man zu dem Gott, der dich geschaffen hat, sagen würde: »Ich schaffe das auch allein, aber vielen Dank!« Es bedeutet, dass man die bedingungslose Liebe des Herrn sowie seine Vergebung und Bevollmächtigung ablehnt. Wenn wir aber bekennen, dass wir nicht genug sind, laden wir all das in unser Leben ein. Bekenntnis führt zu Freude.

Wenn wir zum ersten Mal an unser Ende kommen und dies bekennen, führt uns das zu »dem Moment«, den wir uns in Kapitel 3 angeschaut haben: Wir werden durch Gnade errettet und in Christus verwurzelt. Gnade begegnet uns jedoch nicht nur einmal am Beginn unseres Glaubenslebens, sondern andauernd und für immer. Durch Gnade sind wir errettet und in Gnade müssen wir leben. Schließlich ist Gottes Kraft in den Schwachen mächtig (vgl. 2 Kor 12,9–10).

Durch Gnade beginnen wir unsere Beziehung mit Christus nicht nur, sondern durch Gnade wird sie auch aufrechterhalten. Es ist ein wiederkehrender Kreislauf: Wir kommen an unser Ende und müssen unser Denken anhand der Wahrheit erneuern. Wir bekennen, dass wir es nicht schaffen und ihn an jedem einzelnen Tag brauchen.

Tag für Tag werden wir dazu versucht, Fast Food und nicht Filet Mignon zu essen. Wir werden leicht ausgetrickst. Wir sind zu hungrig, um zu warten, und deshalb bereit, Fast Food zu wählen, anstatt den langsam gekochten Genuss. Gleich wie wir *in Christus* verwurzelt sind, so müssen wir uns auch *in Christus* nähren und dadurch gefestigt werden.

Ändere dein Essverhalten von der Ichologie zur Theologie

Die »Ichologie« ist das Fast Food, das uns in unserem geistlichen Leben serviert wurde. Die gesunde Alternative, die wir ab sofort zu uns nehmen müssen, ist die Theologie. Theologie ist die Lehre von Gott. Es ist die Untersuchung seiner Attribute und Fähigkeiten, seiner Güte und Treue, wer er ist und was er getan hat. Theologie ist grundlegend, wahr und lebensspendend. Hier zu schlemmen, wird uns stärker machen und uns mehr in das Bild dessen verändern, der uns geschaffen hat.

Ichologie ist schwach, unsicher und hängt von dir und mir ab, die wir müde und kraftlos werden und Fehler machen. Ichologie ist nur so gut, wie wir es sind. Und wir fühlen uns nie wirklich klug genug oder diszipliniert genug oder hübsch genug oder kraftvoll genug oder was auch immer genug.

Wir sind endlich, Jesus ist unendlich. Wir sind limitiert, er ist unlimitiert. Wir sind selbstsüchtig, er ist selbstlos. Wir brauchen Schlaf, er schläft niemals. Wir sind schwach, er ist stark. Ichologie feiert dich und mich. Theologie preist den Gott des Universums, der alles zusammenhält.

Wenn wir unser Leben und unsere geistliche Nahrung auf Theologie gründen und nicht auf Ichologie, entscheiden wir uns, unser Denken im grenzenlosen Wert unseres Herrn im Himmel zu erneuern, anstatt in unserer eigenen stark eingeschränkten Kraft. Wir wenden unsere Augen ab von uns selbst, von dem Spiegel und von den sozialen Medien. Stattdessen richten wir unsere Blicke hoch hinauf zu dem König, der weise, fähig und freundlich und treu ist. Im nächsten Kapitel werden wir darüber nachdenken, wie wir das praktisch tun können.

Es ist ironisch: Wenn wir den Wandel von Ichologie zu Theologie vollziehen, wächst unser Selbstwert, denn schließlich ist der »Selbstwert, der durch den Glauben an Christus kommt, ... wohl der sicherste auf der ganzen Welt«[47]. Unsere Intuition sagt uns, je mehr wir uns selbst priorisieren, desto besser werden wir uns mit uns selbst fühlen. Tatsächlich widern wir uns selbst jedoch mehr und mehr an, je mehr du und ich auf uns selbst schauen, weil wir versagen.

Richten wir unsere Augen auf Jesus Christus und schauen wir auf unseren guten Gott und sinnieren darüber, was er getan hat, dann verbessert sich unser Selbstwert. Wir erinnern uns an unseren innewohnenden Wert als von Gott geschaffene und geliebte Kinder. Wir erinnern uns daran, dass wir auserwählt, adoptiert und geliebt sind (vgl. Gal 3,26–27).

Wenn wir vom Selbst-Fokus zum Jesus-Fokus wechseln, enden wir also mit einem besseren Selbstbild – weil es von dem abhängt, der uns geschaffen hat, und nicht von uns selbst. Weil Gott der Autor unseres Lebens und der Erlöser unserer Seelen ist, werden wir aufblühen, wenn wir ihn studieren, ihn kennen, ihn lieben, uns in ihm verwurzeln und unser Denken in ihm erneuern. Ihn genießen, in ihm bleiben und den Wechsel von der Ichologie zur Theologie zu machen, ist der Schlüssel zu deinem und meinem Wohlergehen.

C. S. Lewis sagte es so: »Je mehr wir das, was wir unser ›Selbst‹ nennen, aus dem Weg räumen und ihn von uns Besitz ergreifen lassen, desto mehr werden wir wirklich wir selbst.«[48]

Unseren Geschmack umschulen

Die gute Nachricht ist, dass unser Geschmack neu geschult werden kann. Wir müssen nicht süchtig bleiben nach geistlichem Fast Food. Wir können das Minderwertige entfernen und durch echte Substanz ersetzen.

Du weißt bereits, dass wir in Japan lebten, als meine Mädchen klein waren. Meine Kinder durchliefen die Kleinkind- und dann die Kindergarten-Jahre, während wir uns von asiatischem Essen ernährten, mit all seinen interessanten Gerüchen und Geschmäckern. Von Anfang an hatten mein Mann und ich entschieden, dass meine Töchter essen würden, was man ihnen vorsetzt. Es ist Teil des Lebens als Pastoren- oder Missionarskinder. Du wirst häufig eingeladen und es gibt meistens Essen. Wir wollten nicht, dass unsere Kinder Gerichte, die serviert wurden, verweigerten. Also übten wir bei jeder Mahlzeit.

Wollten sie etwas nicht essen, was wir zu Hause kochten, ließen wir sie nicht am Tisch sitzen, bis alles aufgegessen war, sondern sagten lediglich: »Du musst das nicht jetzt essen, aber das hier ist das nächste, was du essen wirst. Du bekommst weder den nächsten Snack noch die nächste Mahlzeit, bis das hier weg ist.« Irgendwann waren sie hungrig genug, dass sie das aßen, was sie vorher ablehnten. Ja, manchmal gab es Rosenkohl zum Frühstück. Gott sei gedankt, sind sie – abgesehen von einer unerklärlichen Abneigung gegen Tomaten – keine schwierigen Esser.

Unser Geschmack kann trainiert und neu geschult werden. Und so ist es auch mit dem geistlichen Geschmack. Es ist möglich, uns gegen geistliches Fast Food, das wir zu uns genommen haben, zu entscheiden, und uns stattdessen von gesünderen Alternativen zu ernähren, die unser geistliches Wachstum fördern. Wir können alles Ungesunde von unserem Tisch und aus unserer Küche entfernen und ab sofort bessere Entscheidungen treffen.

So wie bei jeder Sucht oder schlechten Angewohnheit wird es am Anfang nicht leicht sein. Wir werden die einfachen und leichten Dinge, an die wir uns gewöhnt haben, vermissen. Sobald sich unsere guten Entscheidungen aber anhäufen, werden wir eine kräftigende Veränderung von innen heraus spüren. Unsere Geschmacksnerven werden reifen. Immer schneller halten wir dann gute und schlechte Zutaten auseinander. Das Urteilsvermögen wird zu einer guten Ernährung führen, und du und ich werden aufblühen, so wie Gott es sich gedacht hat.

Vom Selbst abwenden

Das Glaub-an-dich-selbst-Evangelium scheint auf den ersten Blick attraktiv. »Du packst das!« klingt nach einem tollen Spruch. Aber wenn wir in Christus verwurzelt sind, müssen wir uns entscheiden, uns kontinuierlich in Christus zu festigen, so wie es Kolosser 2,6–7 sagt. Das Selbstverbesserungs-Evangelium ist tatsächlich ein Sirenengesang und ich werde täglich davon angelockt. Wie schnell vergesse ich, dass es Gott ist, der die Quelle meines Lebens ist, nicht ich selbst! Und wie schnell werde ich daran erinnert, dass ich ihn brauche, wenn ich wieder an mein Ende gekommen bin.

Du und ich müssen immer wieder neu bekennen, dass wir Jesus brauchen. Wir müssen unseren Bankrott laut vor ihm und uns bekennen, um zu hören, dass wir nichts beitragen können. Er allein ist es, der alles zusammenhält.

Es gibt nur einen wahren Jesus und er hat sich uns zu erkennen gegeben. Lasst uns das wahre Evangelium von Jesus so gut kennen, dass wir die Fälschung erkennen, wenn sie von fern am Horizont lauert, in unsere Gemeinden hereinspaziert oder in die Frauen-Bibelarbeiten hereinplatzt.

Fragen für die persönliche Reflexion oder Gespräche in der Gruppe

1. *Hast du in einer christlichen Umgebung bemerkt, dass zunehmend gefragt wird: »Wie kann Gott mir dienen?«, anstatt: »Wie kann ich Gott dienen?«? Fühlst du die Versuchung dieser Perspektive?*

2. *Was ist an dem Fokus auf eine persönliche Beziehung mit Jesus richtig und gut, und wie kann dieser Fokus zum Fallstrick werden?*

3. *Leidest auch du unter dem »magischen Buch«-Syndrom, indem du die Bibel so behandelst, als hätte sie eine ganz spezielle Aussage nur für dich in diesem speziellen Moment? Inwiefern ist das eine im besten Fall begrenzte und im schlimmsten Fall zerstörerische Herangehensweise?*

4. *Zeigt sich die Glaub-an-dich-selbst-Bewegung in deiner Glaubensgemeinschaft, in deinen Büchern oder in den Anbetungsliedern, die du hörst und singst? Hast du die Unzulänglichkeit des Glaubens an dich selbst erlebt?*

5. *Kannst du Fast Food, das du wegschmeißen musst, identifizieren?*

6. *Lies Psalm 36 und sprich mit anderen darüber oder denke über ihn nach. Schreib die kraftvollen Worte auf, die Gott und seine Wege beschreiben.*

7. *Lies 2. Korinther 12,7–10 und identifiziere einige Schwächen, die Gott dir gegeben hat. In welcher Art und Weise kannst du für sie dankbar sein? Wo hat sich Gott in ihnen als stark und treu erwiesen?*

5

Gegründet in Christus

Als ich in der sechsten Klasse war, begegnete ich Jordan Knight von der Boyband New Kids on the Block. Hinter der Bühne fragte er mich, ob er sich vor dem Auftritt noch rasieren solle. Ich drehte durch! Eine Freundin hatte uns Backstage-Karten besorgt, sodass wir mit mehreren Bandmitgliedern sprechen konnten. Für die elfjährige Jen (damals noch Jenni) war das unglaublich!

Die Wände meines Kinderzimmers waren mit Postern dieser Boyband bedeckt. Ich hatte New Kids on the Block-Bettwäsche und -Kassetten sowie ein Strandtuch und eine Brotdose von ihnen. Vielleicht hast du Ähnliches mit den Backstreet Boys oder NSYNC erlebt. Meine älteste Tochter schwärmte von One Direction. Was hat es mit diesen Boybands auf sich? Sie haben eine einzigartige Macht über vorpubertäre Mädels. Wir waren hin und weg – ganz vernarrt. Niemand musste uns überreden, sie zu lieben. Wir mussten nicht erst viel über sie lernen oder an einer Schulung teilnehmen, um von all ihren Qualitäten zu erfahren.

Wir schwärmten ohne Anleitungen wie Motten um das Licht. Es passierte ganz natürlich und automatisch.

Seit dieser Backstage-Begegnung mögen etwa 30 Jahre vergangen sein, aber ich werde immer noch zu den Dingen hingezogen, die ich liebe. Einige Dinge mögen oberflächlich sein, so wie der schwarze Metall-Kronleuchter, den ich gern im Esszimmer anbringen würde. Oder die Mode der aktuellen Saison. Oder eine neue Lederhandtasche. Einige Dinge, die ich mir wünsche, sind etwas bedeutungsvoller, so wie die Bücherliste bei Amazon oder der Wunsch nach einem gesünderen Lebensstil. Andere Objekte meiner Zuneigung sind wirklich wichtig, so wie meine Vision eines friedvollen Zuhauses, Spielabende mit meinen Kindern, Seite an Seite mit meinem Mann zu dienen, Glaubensgespräche mit den Frauen in meinem Leben zu führen, entspannte Auszeiten mit meiner Familie zu haben und eine ausgewogene Work-Life-Balance zu erreichen.

Wir alle bewundern etwas oder vieles ganz natürlich. Du und ich und alle anderen auf diesem Planeten haben eine Ahnung davon, was wir wollen. Der Autor K. A. Smith schreibt: »Mensch sein bedeutet, von einer Vorstellung des ›guten Lebens‹ bewegt und motiviert zu sein ... Mensch sein bedeutet, ein Liebender zu sein und etwas ultimativ zu lieben.«[49] Er sagt, das Herz sei wie ein Kompass. Es weist uns automatisch den Weg zu unserem Norden – zu dem, was wir wirklich wollen, lieben oder uns als gutes Leben vorstellen. Wie ein Magnet zieht uns das Objekt unserer Zuneigung zu sich. Man muss uns nicht beibringen, in diese Richtung zu gehen. Wir tun es automatisch.

Was möchtest du?

Ganz zu Beginn seines Dienstes wandte Jesus sich an seine Jünger, die gerade erst angefangen hatten, ihm nachzufolgen, und fragte sie: »Was wollt ihr?« Jesus stellte diese Frage bei einem der ersten gemeinsamen Momente, weil er wusste, dass sie dazu tendierten, dem zu folgen, was sie wollten oder liebten. Er wollte, dass sie das, was sie suchten, identifizierten. Er wusste, dass das Herz die Quelle des Lebens ist (vgl. Spr 4,23). Was in unserem Herzen ist, fließt in unser Leben über (vgl. Lk 6,45).

Das Leben wird in Minuten gelebt, die sich zu Stunden, Tagen und Jahren anhäufen. Was auch immer wir in jeder Minute am meisten lieben, beeinflusst unsere Handlungen im Jetzt. Diese Minuten häufen sich an, eine nach der anderen. Das Leben ist eine Zusammenstellung unserer augenblicklichen Neigungen und Wünsche. Was unser Herz in den einzelnen Minuten unseres Lebens liebt, wird uns ein Leben lang lenken. Wir sind, was wir lieben.

So muss sich jeder Einzelne fragen: »Was liebe ich? Was liebe ich jetzt gerade am meisten?« Jesus fordert uns auf, Gott und unsere Nächsten mehr als alles andere zu lieben (vgl. Mt 22,36–40). Wenn wir andere Dinge mehr lieben, bekommen wir also Schwierigkeiten. Das Problem ist nicht unbedingt, dass wir gewisse Dinge lieben. Das Problem ist vielmehr, dass wir die richtigen Dinge nicht genug lieben.

Wenn ich beispielsweise mich selbst und meinen Ablauf und meine Bequemlichkeit mehr liebe als meinen Nachbarn, dann bin ich nicht bereit, Hilfe anzubieten, wenn diese gebraucht wird. Ich werde nicht in der Lage sein, auf das Kind einer Freundin aufzupassen, während sie einen Arzttermin hat. Ich werde keinen monatlichen Termin im Familienkalender reservieren können, um bei der lokalen Suppenküche auszuhelfen oder einen Vormittag pro Woche fröhlich mit meinem Vater im Altenheim verbringen.

Wenn ich mich mehr liebe als Gott, verbringe ich mehr Zeit damit, mein Äußeres, meine eigenen vier Wände oder meine Arbeit zu perfektionieren, als den Herrn durch Gebet, Zeit in seinem Wort und im Lobpreis besser kennenzulernen.

Das Problem ist nicht, dass wir gern unsere Gewohnheiten pflegen, unsere Arbeit schätzen, ein schönes Zuhause haben möchten, und nicht einmal unbedingt, dass wir uns selbst lieben. Das Problem ist, dass ich Gott und meinen Nachbarn nicht genug liebe. Meine Liebe ist durcheinandergeraten.

Kulturelle Magneten

Niemand muss mir beibringen, mir einen besseren Kronleuchter für mein Esszimmer zu wünschen. Ich möchte eine neue Lampe, weil ich bei anderen Leuten zu Hause, auf den Covern von Magazinen oder im Fernsehen schönere Lampen sehe. Diese schönen Kronleuchter sind überall und lassen meine aktuelle Lampe hässlich wirken. Ich bin in einer Kultur der schönen Einrichtungsgegenstände versunken. Ich sehe sie. Ich rede mit meinen Freundinnen über sie. Ich will sie haben.

Amazon und Google wissen das genau. Vor ein paar Wochen ging ich zum Hauskreis bei meiner Freundin zu Hause. Da der Handyempfang in ihrer Gegend schlecht ist, benutzte ich ihr WLAN auf meinem Handy. Am nächsten Tag war meine Facebook-Seite mit Werbung für den Teppich in ihrem Wohnzimmer überflutet. Und nicht nur ihr Teppich, auch ihre Lampe und ihr Sessel waren plötzlich dort zu finden. Das Internet wusste, wo ich mich aufgehalten hatte. Es wusste, dass ich den Teppich dort sehen würde, da es über die IP-Adresse bestellt worden war. Es wusste, dass ich mögen würde, was ich da sah, und bot mir die Gelegenheit, es direkt selbst zu bestellen.

Amazon, Google und Facebook wissen, dass wir Menschen kurzsichtig sind. Wir sehen, leben und lieben das Hier und Jetzt. Smith sagt: »Wahrscheinlich bemerken wir gar nicht, wie wir heimlich trainiert werden, nach Idolen zu hungern und zu dürsten, die uns nie satt machen werden.«[50]

Wenn unsere Herzen also Kompasse sind und auf das zeigen, was wir lieben, ist es unsere Aufgabe als Christen, unsere Kompasse kontinuierlich neu zu kalibrieren – auf Gott selbst, den Einzigen, der dich und mich wirklich zufriedenstellen kann.

Anfällig für Irrwege

Zu dem Zeitpunkt, als ich mit meiner Familie aus Japan wegzog, war ich eine längere Zeit meines Lebens auf der linken als auf der rechten Straßenseite gefahren. Als wir dann in ein Land mit Rechtsverkehr zogen, ging ich häufig zu meinem Auto und stieg auf der rechten statt auf der linken Seite ein. So landete ich häufiger als ich zugeben möchte auf dem Beifahrersitz, obwohl ich fahren wollte. Wenn ich allein unterwegs war, konnte ich darüber lachen. Waren meine Kinder dabei, dann lachten sie.

Ich tendierte dazu, auf der rechten Seite ins Auto zu steigen, weil ich es gewohnt war. Es entsprach meiner Intuition. Es war natürlich. Aber es war falsch. Ich musste mir abgewöhnen, rechts einzusteigen, und ich musste mir angewöhnen, links einzusteigen, wenn ich fahren wollte. Auf die gleiche Weise tendieren wir dazu, uns selbst und andere Dinge mehr zu lieben als Gott. Daher müssen wir uns konstant etwas abgewöhnen und etwas anderes angewöhnen.

Die Bibel nennt das die »Erneuerung unseres Sinnes«. Paulus wusste, wie leicht wir von den kulturellen Liebesmagneten um uns herum beeinflusst werden. Er wusste, dass uns die gesellschaftliche Luft, die wir atmen, nicht zu unserer erhabenen Liebe, die Gott selbst ist, hinführen wird. So wies er die ersten Gemeinden an, ihre Gedanken zu erneuern. In seinem Brief an die Römer sagte Paulus: »Und stellt euch nicht dieser Welt gleich, sondern ändert euch durch Erneuerung eures Sinnes« (Röm 12,2). Er sagte den Ephesern: »Erneuert euch aber in eurem Geist und Sinn« (Eph 4,23). Den Sinn zu erneuern, bedeutet, in Christus gefestigt zu sein (vgl. Kol 2,7).

Unwürdige Objekte werden den Kompass unseres Herzens konstant in ihre Richtung ziehen. Erneuere deshalb dein Denken und erinnere dich an das, was wahr ist. Erinnere dich an den, der die Quelle deines Lebens ist. Erinnere dich an deinen Schöpfer und Erhalter, an den, der dir echte Freude gibt. Erneuere deinen Sinn. Erinnere dich selbst und andere daran. So wie ihr in Christus verwurzelt wurdet, baut einander in Christus auf.

Paulus wollte, dass die ersten Christen ihre Gedanken dabei auf das richten, was oben ist. Anstatt sich einfach nur zu benehmen, wollte er, dass sie auf ihren Gott sehen. So sagte er den Kolossern: »Seid ihr nun mit Christus auferweckt, so sucht, was droben ist, wo Christus ist, sitzend zur Rechten Gottes. Trachtet nach dem, was droben ist, nicht nach dem, was auf Erden ist« (Kol 3,1–2).

Wir müssen unsere Augen und Herzen von dem abwenden, was wir ansehen, und stattdessen hochschauen. Er möchte, dass wir aufhören, nur auf den Boden zu sehen und stattdessen unseren Gott ansehen. Wir kalibrieren unsere Herzen zu unserer absoluten Liebe, indem wir zu ihm hinsehen und nicht auf die vergängliche Landschaft, die uns umgibt. Wir müssen aufmerksam darauf achten, wohin unser Herz und unser Verstand wandern, denn ein umherschweifendes Herz liebt die falschen Dinge. Es strebt ganz natürlich nach dem, was unsere Augen sehen, was jetzt verfügbar ist, was uns im Moment befriedigt. Um unsere Liebe in Ordnung zu bringen, müssen wir unsere Augen auf Jesus richten.

Termine, Budgets und dergleichen

Wusstest du, dass Selbstbeherrschung mehr Selbstbeherrschung hervorbringt? Umgekehrt führt Schwelgerei zu mehr Schwelgerei. Ich habe dieses Phänomen in meinem eigenen Leben in Aktion erlebt. Wenn ich mich an unser monatliches Haushaltsbudget halte, dann fällt es mir auch leichter, meine Termine und Aufgaben zu erledigen, regelmäßig Sport zu betreiben und ausgewogen zu essen. Es scheint, dass Selbstkontrolle in einem Lebensbereich bei mir dazu führt, dass ich auch in anderen Bereichen Selbstkontrolle übe. Wenn ich umgekehrt in einem Bereich Grenzen überschreite, mache ich das auch in anderen Bereichen.

Routinen, Termine und Budgets sind eine gute Idee. Wir runzeln zwar die Stirn über sie, weil wir es nicht mögen, eingeschränkt zu werden. Gleichzeitig wissen wir, dass sie gut für uns sind. Tatsächlich wissen wir, dass sie uns zu größerer Freiheit führen, weil wir nicht von Erschöpfung, Schulden und Bedauern heruntergezogen werden. König Salomon, der übernatürliche Weisheit von Gott erhalten hatte, sagte: »Ein Mann, der seinen Zorn nicht zurückhalten kann, ist wie eine offene Stadt ohne Mauern«

(Spr 25,28). Die Begrenzung durch die Stadtmauern gibt den Einwohnern der Stadt Freiheit.

Wir wissen, was wir tun sollten, aber wir tun es nicht. Wir wissen, dass es besser ist, uns ans Budget zu halten, an den Aufgaben dranzubleiben, gesund zu essen, Sport zu machen und nachts acht Stunden zu schlafen. Es geht nicht darum, *zu wissen*, was das Beste ist; es geht darum, das Beste *zu lieben*.

Als Kinder der Aufklärung tendieren wir zu dem Denken, je mehr wir wissen, desto besser werden wir. Wie oft wiederholen wir Clichés wie: »Wissen ist Macht!« Diese Philosophie hat auch ihren Weg in die Kirchen gefunden. Ich stimme mit Smith überein, der sagt: »Häufig gehen wir an Jüngerschaft erstrangig didaktisch heran – als sei es vor allem ein intellektuelles Projekt, ein Jünger Jesu zu werden – eine Angelegenheit des Wissenserwerbs.«[51]

Wissen allein garantiert jedoch kein reifes christliches Wachstum, und zwar aus zwei Gründen. Erstens, weil wir von unserer Liebe stärker angetrieben werden als von unserem Wissen. Zweitens, weil wir eine Kraft außerhalb von uns selbst brauchen, die uns hilft. Wie C. S. Lewis es sagte: »Aber auch der beste Christ handelt nicht aus eigener Kraft.«[52]

Woher kommt unsere Hilfe?

Unsere eigene Kraft ist begrenzt. Wir können uns nicht auf uns selbst verlassen, um Gott mehr zu lieben als alles andere. Wir können es nicht einfach nur wollen. Wir brauchen einen Helfer.

Der Psalmist schrieb: »Ich hebe meine Augen auf zu den Bergen. Woher kommt mir Hilfe? Meine Hilfe kommt vom Herrn, der Himmel und Erde gemacht hat« (Ps 121,1–2). Dieser konkrete

Psalm ist Teil einer Gruppe von 15 Wallfahrtsliedern, die für die Israeliten geschrieben wurden, um beim Aufstieg auf den Tempelberg in Jerusalem zur Ehre Gottes gesungen zu werden. Der Psalmist hob seine Augen auf und schaute zum Tempel, wo Gott seinem Volk besonders nahe war. Er bekannte, dass er Gottes Hilfe braucht, selbst für diese Reise der Anbetung. Und diese Hilfe brauchen auch du und ich.

Wir haben uns im dritten Kapitel die Gute Nachricht des Evangeliums näher angeschaut – wie wir zunächst in Christus durch unsere Erlösung verwurzelt werden. Wir bekennen, wie uns der Geist umwirbt – Gott der Vater zieht uns durch seinen Sohn und in seinem Geist in eine Beziehung mit ihm. All das durch Gnade. Durch Gnade sind du und ich erlöst, nicht durch unsere eigenen Bemühungen, es ist ein Geschenk Gottes (vgl. Eph 2,8).

Die Gnade endet allerdings nicht mit der Errettung. Nein, denn du und ich brauchen sie auch für unsere Heiligung. Beim Prozess der Heiligung werden wir reingewaschen, von Sünde gereinigt und geweiht. Es geht dabei um unser Wachstum in Christusähnlichkeit. Es ist die Reise der geistlichen Reife, angefangen mit unserer Erlösung bis hin zum Ende unserer Tage. Dabei vergessen wir jedoch oft, dass nicht nur unsere Errettung aus Gnade kommt, sondern auch unsere Heiligung.

Wir tendieren dazu, wie die Christen in Galatien zu sein. Sie wurden durch Gnade im Glauben errettet, dann aber versuchten sie sich durch Gesetzeswerke einen Lohn zu verdienen. Sie wollten sich durch ihre Handlungen selbst heiligen, mit ihren eigenen Bemühungen, zu ihrem eigenen Lohn. Paulus fragt sie: »Seid ihr so unverständig? Im Geist habt ihr angefangen, wollt ihr's denn nun im Fleisch vollenden?« (Gal 3,3).

Er wollte wissen, warum sie jetzt versuchten, aus eigener Kraft geistliche Reife zu erreichen, nachdem sie durch das Werben des Geistes durch Gnade errettet worden waren. Man hört ihn förmlich sagen: *Das könnt ihr doch nicht tun! Es ist nicht möglich. Der Geist war es, der euch gerettet hat und es ist der Geist, der euch heiligen wird. Alles ist Gnade. Ihr wurdet aus Gnade errettet und ihr werdet durch Gnade wachsen!*

Auch wir müssen diese Worte hören. Wir kehren so schnell zu uns selbst zurück – zu unserer eigenen Kraft, unseren eigenen Bemühungen. Doch sie reichen nicht. So wie ich immer und immer wieder auf der falschen Seite ins Auto einstieg, sagt uns unsere Intuition, zu Selbstvertrauen und Selbstverbesserung zurückzukehren. Wenn wir aber Erfolg in der Erneuerung unseres Sinnes haben wollen, so brauchen wir die Hilfe des Geistes. Wir müssen unsere Augen aufheben und uns erinnern, dass unsere Hilfe vom Herrn kommt.

Paulus schreibt den Kolossern: »Dafür mühe ich mich auch ab und ringe in seiner Kraft, die mächtig in mir wirkt« (Kol 1,29). Paulus strengte sich an. Er arbeitete. Aber er wusste, dass es Gottes Energie war, die kraftvoll in ihm wirkte. Er wusste, wo seine Hilfe herkam.

Wenn du und ich danach streben, in Christus gegründet zu werden, müssen wir uns auch daran erinnern, dass es seine Stärke ist, die in uns wirkt. Wir müssen unsere Augen heben und uns an unseren Helfer erinnern. Wir können kein geistliches Wachstum erschaffen. Wir können keine Liebe zu Gott hervorbringen. Wir brauchen seine Hilfe, um all das zu bewirken.

Ich hatte Zeiten in meinem Glauben, da fühlte ich mich ausgetrocknet. Ich erlebte Tage und Wochen, in denen ich mich überhaupt nicht nach Beten fühlte. Das Bibellesen kam mir wie eine

Pflicht vor, nicht wie Freude. Geistliche Übungen schienen mir wie Routinetätigkeiten, die alles andere als lebensspendend waren. Ich musste mich Tagen stellen, an denen ich den Herrn nicht wahrhaben und mich nicht mit ihm beschäftigen wollte.

An solchen Tagen hilft es mir, so zu beten: »Herr, hilf mir, dich zu suchen. Oder lass mich noch einen Schritt zurückgehen, Herr: Hilf mir, dich überhaupt suchen zu wollen.« Einige Täler erfordern ein Gebet wie dieses. Und das ist in Ordnung, da meine Errettung und Heiligung in Gnade verwurzelt sind. Sie beide sind das Werk des Geistes. Es ist gut für mich, meine Augen aufzuheben und mich zu erinnern, dass meine Hilfe vom Herrn kommt, dem Schöpfer von Himmel und Erde.

Wir mühen uns ab

Paulus war keinesfalls passiv, wenn es um sein eigenes geistliches Wachstum und seinen Dienst ging, anderen beim Wachsen zu helfen. Wir sehen in seinem Brief an die Kolosser, dass er sich abmühte. Er wusste, dass alles, was er tat, ein gnädiges Geschenk von Gott war. Sein Verständnis darüber, dass der Geist in ihm wirkt, war die Grundlage all seiner Bemühungen. Er hat das näher ausgeführt, als er an die Korinther schrieb: »Aber durch Gottes Gnade bin ich, was ich bin. Und seine Gnade an mir ist nicht vergeblich gewesen, sondern ich habe viel mehr gearbeitet als sie alle; nicht aber ich, sondern Gottes Gnade, die mit mir ist« (1 Kor 15,10).

Er sagte seinem Schützling Timotheus, er solle sich in Gottesfurcht und Frömmigkeit üben (vgl. 1 Tim 4,7). Auch betete er, dass die Gemeinde in Ephesus wisse, »wie überschwänglich groß seine Kraft an uns ist, die wir glauben durch die Wirkung seiner mächtigen Stärke« (Eph 1,19).

Dies wirft eine Frage auf: Wie sollen wir als Frauen, die in Christus verwurzelt sind und danach verlangen, unseren Sinn in Christus zu erneuern, nun vorgehen? Was sind die praktischen Schritte in unserem Training der Gottesfurcht, das durch die Kraft des Geistes geschieht, wie wir festgestellt haben.

Einige Praktiken

In Kapitel 2 erforschten wir, was es bedeutet, in Gottes Bild geschaffen zu sein. Du und ich haben Anteil an Gottes Charakter und Güte. Doch die Sünde hat sein Bild in uns entstellt. Wenn wir unsere Sinne erneuern, spulen wir also zurück und erinnern uns daran, wer wir sind. So wie Smith schreibt, ist das Ziel unserer Heiligung »eine Erneuerung des Schöpfungsmandates – in Gottes Ebenbild (wieder)erschaffen zu werden und dann als seine Abbilder zur und für die Welt geschickt zu werden«[53].

Wie sollen wir uns dann in der Kraft des Geistes darum bemühen, erneuert oder in Christus gegründet zu werden? Die folgenden Ideen sind keine konkrete Anleitung. Sie sind keine Liste, der man gehorchen muss, um gewisse Resultate zu erzielen. Diese Aktivitäten sind, einfach gesagt, die Werkzeuge, von denen ich in zwei Jahrzehnten meines Dienstes die Erfahrung gemacht habe, dass der Herr sie nutzt, um seine Nachfolger wachsen zu lassen.

Bekenntnis und Gebet

Für die Erneuerung unseres Sinnes ist zunächst das Sündenbekenntnis von äußerster Wichtigkeit. Wie wir in Kapitel 4 gesehen haben, ist es das Tor zur Freude. Wir müssen unser Streben nach Heiligung in dem Bewusstsein angehen, dass wir unzureichend sind. Eine Schaffe-ich-Haltung, die auf Selbstvertrauen basiert, wird hohl klingen und dazu führen, dass wir uns ausgebrannt fühlen. Wir meinen, Gott hätte uns verraten, weil er unsere Mühen nicht entsprechend beantwortet. Zunächst müssen wir also regelmäßig bekennen, dass wir ohne Gott nichts tun können (vgl. 1 Joh 15,5).

In der Nacht, bevor er ans Kreuz ging, tröstete Jesus seine Jünger im Obergemach, indem er sagte: »Und ich will den Vater bitten und er wird euch einen andern Tröster geben, dass er bei euch sei in Ewigkeit: ... er bleibt bei euch und wird in euch sein ... der wird euch alles lehren und euch an alles erinnern, was ich euch gesagt habe« (Joh 14,16–17; 26). Jesus kannte ihr (und unser) Bedürfnis nach Hilfe.

Gebet kann viele Formen annehmen. Wir können ein kurzes Stoßgebet in schwierigen Momenten aussprechen und den Geist bitten, uns zu helfen, ebenso wie wir ein kurzes Lobgebet inmitten der Freude sprechen können. Wir können vor dem Öffnen der Bibel beten und darum bitten, dass der Geist unseren Verstand übernatürlich erleuchtet. Wir können vor dem Treffen mit einem Freund, mit der Familie oder sogar mit einem Feind beten und Gott um Hilfe bitten, sodass wir in der Situation ein Licht und ein Segen sein können. Wir können eine längere Zeit beten und eine lange stille Zeit am Morgen machen, in der wir alles vor den Herrn bringen, was uns auf dem Herzen liegt, oder ein Gebetsjournal am Abend führen. Wir sollten gelegentlich fasten und beten. Unabhängig davon, was und wie wir beten, erinnert uns das Gebet daran, dass wir schwach sind und Gott stark ist und wir ihn immer brauchen.

Das Wort Gottes

Auf dem Boden meines Zimmers und am Ende meiner Kraft im ersten Studienjahr griff ich nach meiner verstaubten Bibel, und das war nicht weniger als übernatürlich. Gott hatte in seiner Gnade und Freundlichkeit Mitleid mit meinem gebrochenen Herzen und zog mich zu sich. Aufgrund seiner großen Liebe, mit der er mich liebte, zeigte er sich mir in seinem Wort.

Der Autor des Hebräerbriefes schreibt: »Denn das Wort Gottes ist lebendig und kräftig und schärfer als jedes zweischneidige Schwert und dringt durch, bis es scheidet Seele und Geist, auch Mark und Bein, und ist ein Richter der Gedanken und Sinne des Herzens« (Hebr 4,12). Die Worte Jesu im Garten Gethsemane trafen mein Herz und meine Seele. Ich las die Geschichte vom Kreuz, wurde von Jesu großer Liebe zu mir überwältigt und gab mich und mein restliches Leben seiner Herrschaft hin.

Paulus erinnerte Timotheus, »alle Schrift, von Gott eingegeben, ist nütze zur Lehre, zur Zurechtweisung, zur Besserung, zur Erziehung in der Gerechtigkeit, dass der Mensch Gottes vollkommen sei, zu allem guten Werk geschickt« (2 Tim 3,16–17). Weil die Bibel das lebendige Wort des lebendigen Gottes ist, ist sie fähig, jede Facette deines und meines Lebens anzusprechen.

Wollen wir wissen, wer unser Gott ist – sein Charakter, seine Fähigkeiten, seine Geschichte, die Versprechen, die er in der Vergangenheit gehalten hat, und diejenigen, die er für die Zukunft gemacht hat –, dann müssen wir uns an sein Wort wenden. Wir können den Schöpfer des Himmels und der Erde kennen, weil er sich uns in der Bibel zu erkennen gegeben hat.

In dem wichtigen und praktischen Buch *Frauen studieren die Bibel* sagt Jen Wilkin: »Bibelkenntnisse sind von Bedeutung, weil sie uns davor bewahren, in die Irre zu gehen. Sowohl der falsche

Lehrer als auch der säkulare Humanist nutzen ihre biblische Ignoranz bzw. Unwissenheit dazu, dass ihre Botschaften Fuß fassen; und die moderne Kirche hat sich als fruchtbarer Boden für derlei Botschaften erwiesen.«[54] Der beste Weg, um Gott zu erkennen und von der Fälschung zu unterscheiden, ist, Gottes Wort zu kennen.

Genauso wie uns ein kurzer Besuch pro Woche im Fitnessstudio körperlich nicht fit machen kann, so kann uns sporadisch verbrachte Zeit im Wort Gottes geistlich nicht fit machen. Wir werden nicht wirklich wissen, was in der Bibel steht oder durch sie verändert werden, wenn wir uns nicht mit der Bibel beschäftigen. Wilkin sagt: »Wenn wir eine gewisse biblische Kompetenz erlangen wollen, erfordert das von uns, dass wir unserem Studium der Bibel ermöglichen, dass es eine kumulative Wirkung besitzt – über Wochen, Monate und Jahre hinweg –, sodass die Wechselbeziehung von einem Teil der Schrift mit einem anderen langsam und Schritt für Schritt zum Vorschein kommt – wie bei einem Staubtuch, das Stück für Stück die Oberfläche eines Kunstwerks freilegt.«[55]

Wenn wir dem Herrn vertrauen wollen, dann müssen wir ihn gut kennen. Und um das zu erreichen, müssen wir Zeit in das Lesen, Studieren, Auswendiglernen und Anwenden der Schrift investieren. Die Bibel ist nicht vorrangig zu unserer Information da, sondern zu unserer Transformation. Sie soll, wie es in Hebräer steht, Seele und Geist scheiden und unsere Gedanken und die Absichten unseres Herzens richten. Es geht um unsere Veränderung.

Beten und bekennen wir, dass wir die Hilfe des Geistes brauchen, so wird er uns beim Studium des Wortes alle Dinge lehren (vgl. Joh 14,26). Und nicht nur das – er wird uns auch unterweisen und leiten, sodass wir vollkommen und zu jedem guten Werk ausgerüstet sind (vgl. 2 Tim 3,16–17). Das Studium der Bibel allein ist nützlich, es aber zusammen mit anderen Gläubigen zu studieren, das ist besonders kraftvoll.

Das Volk Gottes

Wir wurden für Gemeinschaft geschaffen. Es tut uns gut, mit anderen zusammen zu sein. Für Christen ist es entscheidend, dass das Zusammenkommen mit anderen Christen eine hohe Priorität hat. Rosaria Butterfield sagt: »In Gemeinschaft zu leben, ist nicht nur nett. Es rettet Leben.«[56] Tatsächlich kam Rosaria Butterfields Errettung dadurch, dass sie Zeit mit Gläubigen verbrachte.[57]

Der Gottesdienst in unseren Gemeinden ist konzipiert, um den Leib Christi aufzubauen. Gloria Furman, die Frau eines Missionars und Gemeindegründers, sagte: »Gott ordnet seinem Wort an, dass es durch die Predigt ganz exakt seinem Willen folgt.«[58] Das Neue Testament weist uns an, »mit Vorlesen, mit Ermahnen, mit Lehren« (1 Tim 4,13) fortzufahren. Gottes Weg, auf dem seine Kinder wachsen, ist durch gewöhnliche, aber kraftvolle wöchentliche Versammlungen. Dort wird die Bibel öffentlich verkündet, dort beten wir Gott gemeinsam mit Liedern an, genießen Gemeinschaft miteinander, beten und ermutigen einander im Glauben.

Dieser Gemeinschaft in der Ortsgemeinde hat Gott Pastoren und Lehrer (und andere Leiter) gegeben, »damit die Heiligen zugerüstet werden zum Werk des Dienstes. Dadurch soll der Leib Christi erbaut werden ... damit wir nicht mehr unmündig seien und uns von jedem Wind einer Lehre bewegen und umhertreiben lassen durch das trügerische Würfeln der Menschen, mit dem sie uns arglistig verführen« (Eph 4,12–14). Die Geistesgaben – die so heißen, weil sie von dem Heiligen Geist, der in uns wohnt, gegeben wurden – sind dazu gedacht, dass sie *im* Körper und *für* den

Körper genutzt werden. Du und ich wurden von Gott ausgerüstet, damit wir unseren Brüdern und Schwestern in Christus dienen. Und das kann nur passieren, wenn wir an einem Ort zusammenkommen.

Die Gemeinschaft mit Gläubigen ermöglicht es unseren Brüdern und Schwestern, uns zur Verantwortung zu ziehen, wenn wir in Verfehlungen gefangen sind, und uns wiederherzustellen (vgl. Gal 6,1–5). Wenn wir uns treffen, können wir einander ermutigen und einander aufbauen (vgl. 1 Thess 5,11). Tatsächlich gibt es im Neuen Testament 59 Befehle dafür, wie Christen einander behandeln sollen. Unter anderem sollen wir einander mit dem Heiligen Kuss begrüßen (vgl. Röm 16,16), freundlich und mitfühlend sein (vgl. Eph 4,2) und uns einander aus Achtung für Christus unterordnen (vgl. Eph 5,21). Jesus sagte: »Daran wird jedermann erkennen, dass ihr meine Jünger seid, wenn ihr Liebe untereinander habt« (Joh 13,35).

Seit ich mich vor über zwanzig Jahren ganz dem Herrn hingegeben habe, habe ich mich nahezu jede Woche zum Gottesdienst, Frauen-Bibelarbeiten, Hauskreisen und Gebetszeiten mit ein oder zwei engen Freunden getroffen. Ein großer Teil der Arbeit des Geistes geschieht in unserem Leben durch Gläubige. Geistliche Reife ist ein Gemeinschaftsprojekt.

Erneuerung verändert uns

Du und ich werden bewusst oder unbewusst von dem geprägt, was wir konsumieren. Wie man so schön sagt: »Wir werden, was wir achten.«[59] Die Bibel ruft uns auf: »Trachtet nach dem, was droben ist, nicht nach dem, was auf Erden ist« (Kol 3,2). Wie können wir dem gerecht werden? Wie können du und ich uns mit all der Energie des Geistes in uns abmühen, im Gebet zugeben, dass wir ihn brauchen, sein Wort studieren und uns mit den Seinen treffen? Indem wir uns diesen Praktiken verpflichten, geschieht Veränderung von innen nach außen. Wir werden durch die Erneuerung des Sinnes verändert (vgl. Röm 12,2).

Erinnerst du dich an Shannon aus Kapitel 3? Sie war die Freundin, die Christus auf einem Missionseinsatz in Südostasien kennenlernte. Seit diesem schicksalhaften Tag vor über zwölf Jahren hat sie sich diesen gewöhnlichen Dingen verpflichtet, die außergewöhnliche Veränderung hervorbringen. Ihre innere Veränderung zeigt sich auch äußerlich: Shannon hat ein Missionswerk für Tänzerinnen unter einer der ärmsten Bevölkerungsgruppen gegründet. Auch adoptierte sie ein Kind, erklärt anderen die Bibel, übt regelmäßig Gastfreundschaft, pflegt Kontakte unter ihren ungläubigen Nachbarn und wurde zuletzt auch Pflegemutter.

Durch die Kraft des Geistes wurde Shannon nicht nur in Christus verwurzelt, sondern strebt auch danach, ihren Sinn in Christus zu erneuern. Sie vertraut Gott, weil sie ihn kennt, was ein Resultat aus dem Studieren des Wortes ist. Ihr Glaube ist auch deshalb stark, weil Gottes Gnade in seinen Nachfolgern um sie herum wirkte. Sie ist wahrhaftig verändert.

Meine Obsession mit den New Kids on the Block war albern und peinlich. Aber sie zeigt, dass wir von den Dingen, die wir lieben und schätzen, wirklich verändert werden. Mein Teenager-Selbst passte sich völlig mühelos der Kultur um mich herum an. Mein Umfeld – alles, was ich sah und hörte und womit ich mich umgab – predigte damals diese kraftvolle Boyband-Botschaft – und ich folgte ihr!

Die gute Nachricht ist, dass wir eine neue, bessere, stärkere Liebe entwickeln können, wenn wir unser Herz und unseren Verstand auf die richtigen Dinge richten – und die richtigste und beste Sache ist natürlich Jesus selbst. Mit Hilfe des Geistes können wir das Objekt unserer Liebe auswechseln. Wenn wir im Evangelium verwurzelt sind, wenn wir unseren Sinn im Evangelium erneuern, dann werden wir durch das Evangelium verändert.

Durch diese Verwurzelung und Erneuerung werden du und ich in Christus gegründet. So werden wir im Glauben gefestigt und zu der bleibenden Freude geführt, nach der wir uns sehnen.

Fragen für die persönliche Reflexion oder Gespräche in der Gruppe

1. *Wenn du dieses Buch in einer Gruppe liest, teilt eure peinlichen Boyband-Erfahrungen und genießt ein herzhaftes Gelächter.*

2. *Was stellst du dir – bewusst oder vielleicht unbewusst – unter dem guten Leben vor? Stimmst du mit der Aussage, dass wir sind, was wir lieben, überein?*

3. *Welche kulturellen Magneten umwerben dich? In welcher Hinsicht ist deine Liebe durcheinandergeraten?*

4. *Ist dein geistliches Wachstum hauptsächlich didaktisch, d. h. intellektuell und wissensbasiert? Was kannst du tun, um Jesus mehr mit deinem Herzen zu lieben? Für mich bedeutet*

das unter anderem, früh aufzustehen, wenn es im Haus noch ruhig ist, und mit einem Kaffee, meiner Bibel und einem Journal meine Gebete aufzuschreiben.

5. *Kämpfst du damit, dass du wie die Galater bist: »Im Geist habt ihr angefangen, wollt ihr's denn nun im Fleisch vollenden?« (Gal 3,3)? Denkst du, dass Gnade nur für die Errettung und nicht auch für die Heiligung da ist?*

6. *Denk über die Gewohnheiten von Bekenntnis und Gebet, vom Studium des Wortes Gottes und der Gemeinschaft mit anderen Christen nach. Welche dieser Gewohnheiten pflegst du bereits, möchtest du verstärkt tun oder lehnst du ab? Wie können du und deine Glaubensschwestern um dich herum einander zu diesen Dingen ermutigen? Wenn möglich, such dir jetzt Zeiten und Gewohnheiten aus, die du umsetzen möchtest.*

7. *Lies Kolosser 3,1–3 und Römer 12,1–2 und bete diese Dinge für dich und andere.*

6

Gefestigt in Christus

Ich lerne gerade wieder, in einem normalen Supermarkt einzukaufen. Wir sind nun schon seit etwa drei Jahren zurück in den USA, doch bis vor ein paar Monaten konnte ich keinen Fuß in einen normalen Supermarkt setzen, ohne mich überfordert zu fühlen. In den vergangenen zwei Jahren kaufte ich nur bei einem Großhändler ein, der im Vergleich zu einem normalen Supermarkt nur einen Bruchteil der Nahrungsmittel und Optionen anbot. Die Auswahlmöglichkeiten in unserem lokalen Supermarkt machten mich sprachlos.

Nimm zum Beispiel Salatdressing. Ich habe meine Kinder zu dem Gang mit Salatdressing mitgenommen und ließ sie die Optionen zählen, während ich einkaufte – einfach, um meine These zu belegen. Sie zählten 199 verschiedene Dressings: cremig oder ölbasiert, fettfrei oder normal, Bio oder natriumarm, Markenartikel oder ihre günstigeren Nachahmer. Die Variationen nehmen kein Ende. Und dasselbe gilt für andere Produkte! Weißt du, wie viele Frühstücksmüslis es gibt? 261. Verschiedene Brot-Arten? 107.

In Japan hingegen betrug die durchschnittliche Anzahl verschiedener Optionen pro Lebensmittel genau 1. Gab es in Sonderfällen zwei Optionen, wählte ich den Artikel mit dem Bild auf der Verpackung, da ich die japanischen Buchstaben nicht lesen konnte. Es war simpel: Konnte ich erahnen, was in der Packung war, dann kaufte ich das Produkt. In westlichen Ländern ist die Sache jedoch komplexer, denn hier haben wir die Qual der Wahl.

Wahl: Ein Gott unserer Zeit

Der englische Autor und Sozialkritiker Os Guinness sagt: »Die Vielzahl an Wahlmöglichkeiten ist für unser modernes Leben so zentral, so mächtig und in unserem Denken und Handeln so sehr verankert.«[60] Wir wissen, dass das wahr ist, denn du und ich haben jeden Tag und überall unzählige Alternativen, nicht nur im Supermarkt. Unsere Auswahl ist nahezu grenzenlos, wenn wir ein Restaurant aussuchen, unsere Nägel lackieren oder unsere Kinder für einen Verein anmelden. Ähnlich ist es im Kino, im Kaffeehaus, im Fernsehen und beim Arzt. Ob wir über Essen, Gemeinden, Sport oder Schulen nachdenken – wir haben die Qual der Wahl.

Für uns privilegierte Menschen gilt: »Das Leben ist zu einem Buffet mit einer endlosen Auswahl an Gerichten geworden. Und was noch wichtiger ist: Die Wahl ist nicht länger nur eine Frage des Geschmacks, sondern zu einer Wertevorstellung, einer Prioritätensetzung, einem Recht geworden. Modern zu sein bedeutet, süchtig nach Auswahl und Veränderung zu sein. Das ist die unbestrittene Essenz des modernen Lebens.«[61] Wer heutzutage keine Wahl hat, fühlt sich missachtet oder vor den Kopf gestoßen.

Versteh mich nicht falsch: Optionen sind gut. Ich bin dankbar dafür, dass ich entscheiden darf, wie und wo meine Töchter unterrichtet werden. Ich bin erleichtert, dass wir bei der Behandlung der Skoliose meiner Tochter Wahlmöglichkeiten haben. Mir ist es wichtig, wählen zu gehen und meine Meinung in der lokalen Politik zu äußern. Ich habe an Orten gelebt, wo es diese Optionen nicht gab, und fühlte mich erdrückt.

Wir sind überzeugt, dass unsere Wahlmöglichkeiten uns Freiheit, größere Macht und sogar Kontrolle geben können. Und in vielen Hinsichten tun sie das. Der Markt offenbart die beste Option. Der Wettbewerb bringt Qualität hervor. Die Stimmen der Menschen bringen echte Veränderung.

Aber ist dir aufgefallen, dass wir oft nicht mehr Herr über die Optionen sind, sondern dass sie uns beherrschen? Anstatt wahrhaft frei zu werden, fühlen wir uns gefangen. Wir erleben quasi eine »Paralyse durch Analyse«, indem wir alle verfügbaren Optionen abwägen. Und wir fühlen einen extremen Druck, die allerbeste Wahl zu treffen.

Wir fragen uns nicht nur: *Welche Müslisorte soll ich kaufen?* Sondern auch: *Was soll ich mit meinem Leben anfangen? Wer bin ich? Wie soll ich mich auf den sozialen Medien darstellen? Wie kann ich mein Leben am besten bestimmen und gestalten? Wie kann ich mich und meine Lieben vor Bösem bewahren? Wie kann ich das Beste für mich und meine Familie gewährleisten?*

Die Wahl an sich ist nicht das Problem. Das Problem beginnt, wenn du und ich glauben, dass die Fähigkeit, zu wählen, uns omnipotent macht. Wie eine Fata Morgana in der Wüste wird der Anschein von Macht erkenntlich, die jedoch nicht der Realität entspricht. Zunächst sieht das Buffet der Optionen anziehend aus, aber am Ende macht es uns wahnsinnig, hektisch und zerbrechlich. Schließlich sind wir nicht Gott.

Wir wissen um unseren Mangel an Macht. In der Hoffnung, dass wir unser Leben dadurch bestimmen können, halten wir an unseren Wahlmöglichkeiten fest. Gleichzeitig wissen wir, dass wir im Grunde gar nichts bestimmen können. Jene Macht, die wir uns erhofft haben, haben wir nicht. Und so sind wir sehr müde. Der moderne Mensch ist von dem Versuch erschöpft, das Vakuum der Macht mit einer Substanz zu füllen, die wir nicht haben.

Der Gott, der uns müde macht

Das Beispiel mit dem Salatdressing ist ein wenig albern, aber es repräsentiert die überwältigende Menge an Auswahl, die wir in unserer konsumorientierten Gesellschaft haben. James K. A. Smith sagt, wir müssen uns selbst überwachen, wenn es darum geht, aus verschiedenen Optionen zu wählen. Wir müssen unsere Einstellung überprüfen. Wie ist die Stimmung in unserer Familie? Er sagt, viele Haushalte hätten »hektische Rhythmen, die mit dem Ton des konsumorientierten Mythos der Produktion und des Verbrauchs mitschwingen«.[62] Wir tendieren zu der Annahme, dass unser Wert dem entspricht, was wir produzieren und konsumieren können. Für unseren Wert und unsere Identität schauen wir auf uns selbst, auf die Dinge, die wir zustande bringen, sowie auf unsere ganz persönliche Auswahl an Produkten, Methoden und Lebensstilen.

Als moderne Menschen finden wir unsere Identität in dem, was wir produzieren und konsumieren. Unsere Optionen und Wahlmöglichkeiten verstehen wir als Gegenmittel gegen unsere Ängste. Machst du dir über etwas Sorgen? Dafür gibt es bestimmt eine App. Es gibt immer *irgendetwas*, das du konsumieren oder produzieren kannst, was deine Situation verbessert. Du hast Optionen.

Es läuft doch so: Irgendetwas bereitet uns Sorgen, also suchen wir nach Optionen, um in den Griff zu bekommen, was uns Sorgen bereitet. Dann wählen wir eine dieser Optionen aus, und »beschließen« gewissermaßen, dass diese Sache unser Problem löst. Zum Beispiel haben wir Angst vor der Ablehnung von Freunden oder unserer Familie. Also versuchen wir zu sein, wie sie uns haben wollen. Wir verwandeln uns in eine Persönlichkeit, von der wir glauben, dass andere sie mögen. So glauben wir, dass wir das Maß an Akzeptanz, Zuneigung und Bestätigung steuern können, das wir von anderen bekommen.

Im Berufsleben befürchten wir, dass wir nicht gut genug sind und unsere Kollegen herausfinden werden, welche Versager wir eigentlich sind. So geben wir alles, um uns zu beweisen, um unsere Namen bekannt zu machen. Wir denken tatsächlich, dass wir kontrollieren können, wie andere uns wahrnehmen.

Wir machen uns Sorgen, nicht gemocht zu werden – oder nicht genügend Likes zu bekommen. Wir wollen, dass unser Name, unsere Marke, unser Image bewundert wird. Wir filtern Fotos, kreieren Überschriften und beschneiden das echte Leben, einfach so. Und wieder versuchen du und ich zu kontrollieren, wie andere uns wahrnehmen.

Wir befürchten einen Zusammenbruch unserer Wirtschaft oder den Verlust der Arbeitsstelle, und so diversifizieren wir unsere Investitionen, beobachten den Aktienmarkt, knausern, sparen oder geben zu viel Geld aus. Wir fürchten die globale Erwärmung oder die Abholzung der Wälder oder unseren eigenen CO_2-Fußabdruck und so kaufen wir lokal ein, benutzen Stoffwindeln und verbannen Plastik aus unseren Häusern.

Wir fürchten uns vor einer Krise oder der Abnahme unserer Gesundheit, vor Krebs, Depression, Alzheimer, Gewichtszunahme oder was auch immer unsere Google-Suchen-Diagnose uns mitten in der Nacht bescheinigt hat. So essen wir nur wenige Kohlenhydrate, reduzieren Fett oder erhöhen den Fettanteil. Wir essen nur mehr Superfood oder keinen Zucker mehr. Oder *nur* Zuckerersatz – oder *keinen* Zuckerersatz. Davon wird einem schwindelig.

Wir fürchten, was unseren Kindern passieren könnte. Wir wollen nur das Beste für sie. So umkreisen wir unsere Kleinkinder wie Hubschrauber, stellen sicher, dass jeder Spieler eine Medaille bekommt, setzen die Lehrer unter Druck, wenn unsere Kinder schlechte Noten bekommen, und lassen sie wieder zu Hause einziehen, wenn sie als junge Erwachsene nicht abheben können.

Wir machen uns Sorgen um unsere eigene Zukunft. Wir haben eine private Rentenversicherung, eine Pensionskasse und eine private Krankenversicherung. Wir zahlen schon im Voraus für unsere Beerdigung, schreiben Testamente und versuchen, unseren Kindern genug zu hinterlassen.

Wir leiden unter FOMO (»Fear of missing out«), der Angst, etwas Tolles in genau diesem Moment zu verpassen. So sind wir in den sozialen Medien aktiv, schreiben Textnachrichten an unsere Freunde und dokumentieren jeden Moment unseres Lebens.

Unsere Ängste reichen von albernen und oberflächlichen Sorgen bis hin zu Ängsten über Leben und Tod. Unsere Optionen, diese Ängste zu bekämpfen, kommen in vielen Größen und Formen. Unsere Konsumkultur vermarktet uns unzählige Problemlösungen. Angefangen mit Salatdressing, über LinkedIn hin zu dem korrekten Vitamincocktail hilft uns alles dabei, das Gefühl der Kontrolle zu behalten.

Schlussendlich jedoch, wenn wir unsere Möglichkeiten recherchiert, das beste Produkt gekauft und alles getan haben, sodass unsere Befürchtungen nicht wahr werden, bleiben wir mit einem großen Loch zurück. Wenn unsere Köpfe abends auf das Kissen sinken, kommt in uns der Verdacht hoch, dass wir ultimativ doch nicht das Sagen haben – dass wir uns aus unseren größten Ängsten nicht »herauskonsumieren« oder »herausproduzieren« können.

Alles zu tun, was uns möglich ist, ist möglicherweise nicht genug. Diese Wahrheit ist schwer zu schlucken.

Erwählt sein statt wählen

Als Antwort auf unsere Sucht nach Wahlmöglichkeiten und die Hektik und Zerbrechlichkeit, die damit einhergehen, sagt Os Guinness: »Doch es gibt eine Sache, die jedes Recht zu wählen weit übertrifft – und zwar erwählt zu sein.«[63] Nur eins kann uns echten Frieden geben: selbst erwählt zu werden, anstatt ständig selbst wählen zu müssen.

Erwählt von wem? Von Gott, dem guten und souveränen König des Universums. Letztlich sind es nur Gottes Entscheidungen, die uns zu echter, bleibender Freude führen. Das gilt insbesondere für Christen. Wenn wir all unsere Hoffnung und unser Vertrauen auf den Herrn setzen, gibt er uns einen Frieden, den die Welt nicht begreifen kann (vgl. Phil 4,7). Wir wissen, dass alle Dinge zu unserem Besten dienen (vgl. Röm 8,28). Aber auch Ungläubige erfahren die Auswirkungen dessen, dass Gott in unserer Welt aktiv ist. Sie haben zwar keine Augen, um ihn zu sehen, und doch gibt Gott all seinen Kreaturen allgemeine Gnade.

Es sind Gottes Entscheidungen – seine Handlungen, sein Plan, sein Wille –, die Frieden geben, nicht unsere Entscheidungen. Gottes guter Charakter, seine Souveränität und sein Wille bieten das einzige funktionierende Gegengift für all unsere Ängste: »In dem Punkt wirkt die Berufung für Nachfolger Jesu wie ein Heilmittel auf das Gift der Forderung nach freier Entscheidungsgewalt. Hier gilt das Wort Jesu: ›Nicht ihr habt mich erwählt, sondern ich habe euch erwählt!‹ (Joh 15,16). Wir gehören nicht uns selbst, sondern wurden mit einem teuren Preis erkauft.«[64] Und so versuchen wir, Christus und nicht uns selbst nachzufolgen. Wir sind erwählt. Wir müssen unser Vertrauen nicht darauf setzen, selbst zu wählen.

Wir wissen, dass Jakobus, der Bruder Jesu, recht hatte, als er sagte, dass wir nicht wissen, »was morgen sein wird. Was ist euer Leben? Dunst seid ihr, der eine kleine Zeit bleibt und dann verschwindet. Dagegen solltet ihr sagen: Wenn der Herr will, werden wir leben und dies oder das tun« (Jak 4,14–15).

Tatsächlich wissen wir nicht, was der nächste Tag bringen wird. Wir wissen nicht, ob unsere Lieben uns wirklich akzeptieren werden. Ob wir in unserem Beruf gut genug sind. Ob unsere Abonnenten und Freunde in den sozialen Medien uns »liken« werden. Ob die Wirtschaft stark, die Umwelt geschützt und die Regierung stabil sein werden. Ob wir gesund und sicher sind. Ob es unseren Kindern gut gehen wird. Ob unsere Zukunft in Ordnung sein wird. Ob wir einen Moment verpassen, der besser ist als jener, den wir gerade leben.

Aber Jakobus schreibt »wenn der Herr will«. Wir wissen nichts über unser Leben und unsere Zukunft, aber Gott weiß es. Wir können beruhigt sein, weil Gottes Wille gut ist. Und was ist sein Wille? Sein Wille ist eine gute Nachricht. Sein Wille ist das Evangelium. Du und ich können aufgrund des Evangeliums beruhigt sein. Wir können beruhigt sein, weil wir in Christus verwurzelt, gegründet und gefestigt sind.

Wir wurden geschaffen, gerufen und akzeptiert

Paulus schrieb an die Römer: »So gibt es nun keine Verdammnis für die, die in Christus Jesus sind. Denn das Gesetz des Geistes, der lebendig macht in Christus Jesus, hat dich frei gemacht von dem Gesetz der Sünde und des Todes« (Röm 8,1–2). Wir, die wir eine Beziehung zu Jesus haben und für ihn leben, sind nicht verurteilt. Wir sind frei! Es gibt keinen Grund für uns, eine Identität zu kreieren, von der wir annehmen, dass sie von Freunden oder Familie eher akzeptiert würde. Wir wurden von der wichtigsten Person dieser Welt bereits akzeptiert – von unserem Retter, unserem Schöpfer, von dem einen, wahren Gott. Jesus ist der Grund, weshalb uns unser Vater im Himmel so akzeptiert, wie wir sind. Du und ich werden bereits innig und bedingungslos geliebt.

Wie wir in Kapitel 1 gesehen haben, ist die aktuelle Kultur des Selbst ein Sirenengesang. Die Botschaft um uns herum lautet, dass wir Selfmade-Männer und Selfmade-Frauen sein sollen, die ihr wahres Ich und ihr bestes Selbst erfinden. Doch diese Selbstverwirklichung erfordert großes Selbstvertrauen – und wir selbst sind nie wirklich genug. Die gute Nachricht ist, dass du und ich erschaffen und bereits berufen wurden. Wir müssen nicht erst darum ringen, eine Identität zu bekommen – im Berufsleben, unter Freunden oder sonst wo.

In Epheser 2 wird diese Wahrheit mit der guten Nachricht unserer Annahme verwoben. Paulus sagt der frühen Kirche: »Denn aus Gnade seid ihr gerettet durch Glauben, und das nicht aus euch: Gottes Gabe ist es, nicht aus Werken, damit sich nicht jemand rühme. Denn wir sind sein Werk, geschaffen in Christus Jesus zu guten Werken, die Gott zuvor bereitet hat, dass wir darin wandeln sollen« (Eph 2,8–10).

Wir sind in Christus Jesus erschaffen. Wir wurden aus Gnade durch Glauben gerettet. Wir sind sein Werk und er hat uns im Vorfeld gute Werke bereitet. Diese wenigen Verse sagen uns, wie wir hierhergekommen sind, warum wir hier sind und was wir tun sollen.

Du und ich müssen nicht grübeln, wer wir sein sollten oder worum es in diesem Leben geht. Wir müssen nicht nach Sinn oder Bedeutung suchen. Johannes Calvin sagt: »Daher zeigt es der Augenschein, wie unruhigen Geistes alle diejenigen sind, welche nach ihrem Eigenwillen ihr Leben regieren.«[65] Wir alle kennen ruhelose Zeiten in unserem Leben. Wir haben das erlebt. Wir wissen, wie es ist, zu versuchen, die großen Lebensfragen ohne Gottes weisen und fehlerlosen Rat zu beantworten.

Uns selbst zu erfinden und uns auf uns selbst zu verlassen, ist nicht nötig. Tatsächlich ist das sogar das Gegenteil von dem, was Gott uns bereits gegeben hat. Unser Sinn, unsere Bedeutung und unsere Aufgabe wurden bereits festgelegt. Lasst uns zu dem König nicht »Nein, danke« sagen, sondern die guten Gaben annehmen, in ihnen leben und tiefen Frieden erleben.

Unser Gott hat heute die Kontrolle

Wir können mit dem Psalmisten sagen: »Unser Gott ist im Himmel; er kann schaffen, was er will« (Ps 115,3). Wenn der Herr seine Hand reicht, kann sich niemand abwenden. Sein Wille kann nicht vereitelt werden (vgl. Jes 14,27).

Das Wissen, dass Gott allmächtig und vollkommen gut ist, lässt mich in der Nacht gut schlafen. Wenn ich mich um das Wohlergehen meiner Töchter sorge oder darüber, ob mein Ehemann und ich gute Entscheidungen treffen, ob es uns im Ausland gut gehen wird oder zurück in den USA oder woanders, ob geliebte Menschen, die Christus nicht kennen, ihn annehmen werden – ich erinnere mich daran, dass Gott alles in der Hand hat.

Seine Kraft ist gleich groß wie seine Güte. Und woran wird das besser deutlich als am Kreuz? Die Hände, die unser Leben fest im Griff haben, sind dieselben Hände, die ans Kreuz genagelt wurden. Wir haben einen Vater, der seinen Sohn freiwillig für uns hingegeben hat. Wir dienen einem Gott, der den Himmel verließ und sein Leben für uns ließ. Ihm können wir vertrauen. Er ist allmächtig. Und er ist absolut *gut*. Er ist der einzig wahre, gute und mächtige Schöpfer und Erhalter von allem, was existiert.

Als ich gerade anfing, dieses Buch zu schreiben, starb mein Vater. Soweit ich es sagen kann, starb er, ohne Gott jemals vertraut oder an ihn geglaubt zu haben. Unsere Unterhaltungen über das Evangelium trugen nie sichtbare Früchte. Dass mein Vater ohne Christus sterben könnte, war etwas, das mich in den drei Jahrzehnten, in denen ich Jesus nachfolgte, während mein Vater es nicht tat, täglich begleitete – in meinen Gebeten, in vielen Tränen und in Tagebüchern. Ich fragte mich, ob ich dem Herrn vertrauen und weiterhin lieben könnte, sollte mein Vater ohne Glauben sterben.

Als es dann wirklich zutraf, fand ich mich in den alttestamentlichen Worten Habakuks wieder: »Denn der Feigenbaum grünt nicht, und es ist kein Gewächs an den Weinstöcken. Der Ertrag des Ölbaums bleibt aus, und die Äcker bringen keine Nahrung; Schafe sind aus den Hürden gerissen, und in den Ställen sind keine Rinder. Aber ich will mich freuen des HERRN und fröhlich sein in Gott, meinem Heil« (Hab 3,17–18).

Die Worte »in Gott, meinem Heil« erinnerten mich daran, wer Gott ist. Er ist der Gott, der rettet. Er ist der Gott, der seinen Thron im Himmel für eine Rettungsaktion um deinetwillen und meinetwillen verließ. Er ist der Gott, der bereit ist, dieses Chaos zu betreten, meine Fehler zu tragen und mich bedingungslos zu lieben.

Und so kann ich mit Habakuk sagen: Selbst wenn das Schlimmste eintritt und das Undenkbare passiert, will ich mich in meinem Herrn freuen. Die Hände, die von den Nägeln durchbohrt wurden, halten mein und dein Leben. Darin finden wir Ruhe.

Unser Gott hat morgen die Kontrolle

Sprüche 31 zeichnet das wunderschöne Bild einer Frau, die den Herrn fürchtet: »Kraft und Würde sind ihr Gewand, und sie lacht des kommenden Tages« (Spr 31,25). Diese Frau sorgt sich nicht um Morgen, weil sie den Herrn fürchtet – man könnte auch sagen »respektiert« oder »vertraut«. Sie weiß, dass sein Wille gut ist, sodass sie der Zukunft mit einem Lächeln entgegensehen kann. Ich möchte sein wie sie. Ich möchte lächeln und lachen und in der Tiefe meiner Seele wissen, dass unser Gott und sein Wille so gut sind, dass ich der Zukunft entgegenlächeln kann.

Jesus benutzte ein weiteres Bild, über den Glauben an Gott im Lichte der Zukunft zu sprechen. Er sagte, jeder, der seine Worte hört und sie tut, »gleicht einem klugen Mann, der sein Haus auf Fels baute. Als nun ein Platzregen fiel und die Wasser kamen und die Winde wehten und stießen an das Haus, fiel es doch nicht ein; denn es war auf Fels gegründet« (Mt 7,24–25). Du weißt wahrscheinlich schon, dass der törichte Mann, der sein Haus auf Sand gebaut hatte, es verlor, als der Regen fiel, die Flut stieg und der Wind wehte.

Gott zu vertrauen, auf Jesus zu hören und ihm zu gehorchen, bedeutet, unsere Zukunft auf sicherem Grund aufzubauen. Das bedeutet es, in Christus fest gegründet zu sein. Egal, was kommen wird, wir werden feststehen, weil er der sichere Grund ist.

Wir haben alle geistlichen Segnungen

Wir, die wir in Christus verwurzelt sind, haben in ihm alle geistlichen Segnungen im Himmel (vgl. Eph 1,3). Wir müssen uns nicht fürchten, weil wir bereits jede Segnung haben. Paulus sagt in seinem Brief an die Epheser, dass Gott der Vater uns erwählt, uns als seine Kinder adoptiert und mit jeder geistlichen Segnung überschüttet hat, bevor die Welt überhaupt geformt war (vgl. Eph 1,3–5).

Erstens: Welch eine Erleichterung ist es, dass wir bereits vor unserer Geburt erwählt wurden – noch bevor die Welt geformt war! Du und ich haben absolut nichts getan, um die Erlösung in Christus zu verdienen. Gott hat alles getan. Zweitens sind wir nicht nur adoptiert, sondern haben in ihm auch jede geistliche

Segnung. Unser Vater besitzt alle guten geistlichen Dinge und hat sie uns alle gegeben.

Die geistlichen Segnungen sind durch den Heiligen Geist, der in uns lebt, zu uns gekommen (vgl. 1 Kor 3,16). In der Nacht, in der er gekreuzigt wurde, sagte er seinen Jüngern: »Aber der Tröster, der Heilige Geist, den mein Vater senden wird in meinem Namen, der wird euch alles lehren und euch an alles erinnern, was ich euch gesagt habe« (Joh 14,26).

Der Heilige Geist ist nicht nur unser Helfer und Lehrer, er ist auch unser Friedensbringer. Jesus sagt: »Frieden lasse ich euch, meinen Frieden gebe ich euch. Nicht gebe ich euch, wie die Welt gibt. Euer Herz erschrecke nicht und fürchte sich nicht« (Joh 14,27). Jesus wusste, dass herausfordernde Zeiten auf seine Jünger zukamen: Verfolgung, Ablehnung, Martyrium. Aber er hat sie (und uns) nicht ohne Hilfe und Hoffnung zurückgelassen.

Die geistlichen Segnungen im Himmel weisen auf unsere wahre Heimat hin: den Himmel selbst. Unsere natürlichen Körper werden eines Tages auferstandene geistliche Körper sein (vgl. 1 Kor 15,44). Wir werden unvergänglich sein (vgl. 15,52) und in Christus den absoluten Sieg erleben (vgl. 15,57). Wir werden das Geschenk des Himmels in alle Ewigkeit genießen. Wir werden mit unserem Gott in der Heiligen Stadt leben und er wird »abwischen alle Tränen von ihren Augen, und der Tod wird nicht mehr sein« (vgl. Offb 21,4).

In der Zeit zwischen jetzt und dem Himmel haben wir den Heiligen Geist in uns, der uns Kraft gibt (vgl. Apg 1,8), uns hilft (vgl. Joh 15,26), für uns betet (vgl. Röm 8,26), uns geistliche Gaben zum Dienst in der Gemeinde gibt (vgl. 1 Kor 12,4–11), uns Frieden schenkt (vgl. Joh 14,27), in unserem Leben geistliche Früchte wie »Liebe, Freude, Friede, Geduld, Freundlichkeit, Güte, Treue, Sanftmut, Keuschheit« (vgl. Gal 5,22) hervorbringt und noch vieles mehr. Wir haben tatsächlich diesen Helfer, den Jesus uns versprochen hatte.

Wir sind Kinder der Hoffnung

Christen sind anders. Wir müssen nicht wie jene leben, die sich fragen, ob alles gut wird. Wir müssen uns nicht angesichts einer ungewissen Zukunft verrückt machen. Du musst dich nicht um die bedingungslose Annahme deiner Familie sorgen, die Beförderung auf der Arbeit, die Gesundheit deines Babys, welche Universität du besuchen sollst, in welcher Stadt du leben sollst, welche Lebensversicherung du abschließen solltest. Während wir diese Entscheidungen weiterhin treffen werden, diktieren sie nicht unsere Zukunft. Wir können beruhigt sein, weil unsere Entscheidungen in keiner Sphäre das Sagen haben – Gott hat das letzte Wort. Vergiss nicht, alle Dinge sind durch ihn und für ihn geschaffen (vgl. Kol 1,16). *Alle* Dinge.

Wir sind Kinder der Hoffnung. Wir haben *eine* – und zwar nur *eine* Hoffnung. Aber sie ist eine große Hoffnung und sie verändert alles. Es ist die Wahrheit, dass Jesus von den Toten auferstanden ist, und so werden auch wir auferstehen. Wir sind Kinder der Auferstehung. Verwurzelt, gegründet und gefestigt in Christus – das ist unsere Identität.

Petrus, ein Jünger und enger Freund von Jesus, verleugnete Jesus in der Nacht, in der er verraten worden war. Er wurde ein Zeuge der Auferstehung, predigte zu Pfingsten über Jesus, war Gemeindeleiter, wurde für Christus eingesperrt und starb schließlich als Märtyrer für seinen Glauben. Während schwerer Verfolgung schrieb Petrus: »Gelobt sei Gott, der Vater unseres Herrn Jesus Christus, der uns nach seiner großen Barmherzigkeit wiedergeboren hat zu einer lebendigen Hoffnung durch die Auferstehung Jesu Christi von den Toten, zu einem unvergänglichen und unbefleckten und unverwelklichen Erbe, das aufbewahrt wird im Himmel für euch« (1 Petr 1,3–4).

Petrus wiederholt die Wahrheit, dass seine einzige Hoffnung in Jesus ist – dieselbe Hoffnung, an die er die Christen erinnerte, die durch die Verfolgung zerstreut wurden. Er wollte, dass sich diejenigen, die aufgrund ihres Glaubens vertrieben wurden, ins Gedächtnis riefen, dass sie Kinder der Hoffnung sind. Sie sind die Kinder der Auferstehung Jesu. Sie wurden in sein Königreich wiedergeboren und ihr Erbe erwartet sie: unvergänglich, unbefleckt und unverwelklich. Sie haben jede geistliche Segnung erfahren – damals und im Himmel.

Die Christen im frühen Rom ertrugen große Bedrohungen, verbale Attacken, körperliche Misshandlungen und sogar den Tod. So sagte Petrus ihnen, dass sie ihr Denken vorbereiten sollten: »Darum umgürtet eure Lenden und stärkt euren Verstand, seid nüchtern und setzt eure Hoffnung ganz auf die Gnade, die euch dargeboten wird in der Offenbarung Jesu Christi« (1 Petr 1,13). Mit anderen Worten: *Jesus hat den Tod besiegt und er wird wiederkommen und dann werden wir unser Erbe empfangen.* Petrus sagte: *Gebt nicht auf, Freunde! Richtet eure Hoffnung auf den König Jesus. Verpflichtet euch ihm. Bleibt auf dem Kurs. Wir sind Kinder der wahren, unvergänglichen Hoffnung.*

Stolz ist der Feind der Hoffnung

Im selben Brief sagt Petrus seinen Lesern in den abschließenden Worten: »So demütigt euch ... eure Sorge werft auf ihn; denn er sorgt für euch« (1 Petr 5,6–7). Um die Fürsorge Christi zu erfahren, müssen wir demütig sein.

Es wird gesagt, dass »der große Feind der Hoffnung der Stolz ist«[66]. Im Stolz vertrauen wir auf uns selbst. Aber wir kennen unsere eigenen Grenzen, unsere Schwächen, unsere Zerbrechlichkeit. Auch Jesus weiß das. Und wir sind ihm wichtig. Wir sind ihm so wichtig, dass er bereitwillig an unserer Stelle starb und uns mitsamt unserem Versagen und unseren Ängsten aufnimmt, genauso wie wir sind. Wir setzen die Hoffnung nicht auf uns selbst. Wir setzen unsere Hoffnung nicht auf unsere Fähigkeit, unser Leben und unsere Zukunft perfekt navigieren zu können. Wir setzen alle Hoffnung auf den auferstandenen Gott.

Hoffnung in den heutigen Herausforderungen

Während ich diese Worte schreibe, befinden sich Freunde von uns mit ihrem dreizehnjährigen Sohn auf der Kinder-Intensivstation. Sie sind seit zwei Wochen mit ihm dort. Etwa 72 Stunden bevor ihre Welt auf den Kopf gestellt wurde, befanden mein Ehemann und ich uns mit ihnen auf einem Boot im Hafen von Newport und schauten den Sonnenuntergang an. Wir waren mit einigen Pastoren und ihren Ehefrauen zusammen, genossen wunderbare Gemeinschaft, Gelächter, teilten Erlebnisse und Leckereien und erlebten einen dieser Abende, die nie enden sollen (wahrhaft ein Vorgeschmack auf unser versprochenes Erbe).

Nach der Rückkehr nach Denver erhielten wir die Nachricht: Ein Tumor wurde gefunden, aggressiver Krebs, der Sohn musste sofort operiert werden. Zwei Wochen später ist er nun immer noch im Krankenhaus. Wir bekommen regelmäßig Anliegen mitgeteilt, um für die Schwellung, Blutungen, Infektionen, Übelkeit und sein Leben zu beten.

Mein Mann und ich weinen und beten. Wir haben mit diesen Freunden zusammen Theologie studiert. Wir sind gemeinsam in den Dienst eingestiegen. Unsere Kinder sind im gleichen Alter und zwei von ihnen teilen sich denselben Namen (Zoe – was auch sonst, da die Väter beide Griechisch lernten, als die Kinder zur Welt kamen). Schaue ich auf ihre Familie, so sehe ich meine. Gleiches Alter. Gleiche Berufung. Gleiche Kinder. Doch während ich gerade den Luxus gesunder Kinder genieße, kämpfen sie um das Leben ihres jungen Sohnes.

Aber weil sie Kinder der Hoffnung sind, Kinder der Auferstehung, kämpfen sie aus der Ruhe heraus. Sie sagen mit Paulus: »Wir haben aber diesen Schatz in irdenen Gefäßen, auf dass die überschwängliche Kraft von Gott sei und nicht von uns. Wir sind von allen Seiten bedrängt, aber wir ängstigen uns nicht. Uns ist bange, aber wir verzagen nicht. Wir leiden Verfolgung, aber wir werden nicht verlassen. Wir werden unterdrückt, aber wir kommen nicht um. Wir tragen allezeit das Sterben Jesu an unserm Leibe, auf dass auch das Leben Jesu an unserm Leibe offenbar werde« (2 Kor 4,7–10).

Unsere Freunde haben einen korrekten Blick auf sich selbst, als irdene Gefäße. Sie sind lediglich Gefäße, die für sich allein nicht stark sind. Und doch enthalten sie die stärkste Kraft: Gott selbst. Sie sind bedrängt, verwirrt, verfolgt und geplagt. Aber sie sind nicht zermalmt, verzweifelt, verlassen oder zerstört. Sie haben Hoffnung, da sie den Tod und auch das Leben Jesu in sich tragen. Sein Leben ist ewig, und es ist auf dich und mich übergegangen.

Während unsere Freunde 24 Stunden am Tag über ihrem Sohn Wache halten, immer neue Entscheidungen mit Ärzten und Krankenschwestern treffen müssen und auf Knien um das Leben ihres Kindes ringen, tun sie all das mit innerer Ruhe. Sie erinnern sich mit Paulus: »[W]as sichtbar ist, das ist zeitlich; was aber unsichtbar ist, das ist ewig« (2 Kor 4,18). Sie sind »allezeit getrost« und »wandeln im Glauben und nicht im Schauen« (2 Kor 5,6–7).

Es geht nicht darum, dass unsere Freunde glauben, dass ihr Sohn hier auf der Erde definitiv geheilt wird. Sie setzen ihre Hoffnung nicht in Statistiken oder in die hochmoderne medizinische Versorgung, die ihnen zur Verfügung steht. Sie lieben ihr Kind nicht weniger als andere Eltern, die von solchen Nachrichten zerstört würden.

Es ist vielmehr, dass ihre Hoffnung sich auf etwas Sicherem gründet, und zwar der sichersten Sache der Welt: auf dem Leben, dem Tod und der Auferstehung Jesu. Als Kinder der Auferstehung sehen sie die Krebserkrankung ihres Sohnes zurecht als »Bedrängnis, die zeitlich und leicht ist, [die ihnen] eine ewige und über alle Maßen gewichtige Herrlichkeit [schafft]« (2 Kor 4,17).

Den Sturm verschlafen

Vielleicht stehst du gerade vor der Entscheidung, in welchem Fach du deinen Master machen sollst, ob du in einer Beziehung bleibst oder einen bestimmten Job annehmen sollst, in welche Schule du dein Kind schickst, ob du in die Mission gehen, in der lokalen Politik einsteigen, deine älter werdenden Eltern zu dir nach Hause holen, in der Frauenarbeit mitwirken oder eine Vasektomie vornehmen lassen sollst. Wir haben viele Entscheidungen zu treffen. Aber schlussendlich dürfen wir gelassen sein – wirklich gelassen, weil wir in Christus gefestigt sind. Er hat die Kontrolle. Und er ist gut. Und er lebt. Er wird immer dafür sorgen, dass sein Wille zu unserem Besten und seiner Ehre geschieht.

Unser Freund, der Vater des krebskranken Jungen und selbst Pastor, schrieb diese Worte:

> »Während uns die Welt viele Optionen anbietet, an die wir uns in dieser Zeit wenden könnten, funktioniert nichts von dem, was die Welt bietet. Nicht wirklich. Nicht anhaltend. Nichts, was die Welt anbietet, kann uns den Trost, den Frieden, die Heilung, die Hoffnung und nicht einmal die Freude bringen, die wir in diesen dunklen und beängstigenden Momenten und Phasen des Lebens so verzweifelt (und ich meine wirklich verzweifelt) brauchen.
>
> Wohin müssen wir uns also wenden? Wohin?
>
> Wir müssen uns zu unserem Schöpfer hinwenden. Zu unserem Retter. Zu dem Herrn, unserem Gott … Vater, Sohn, Heiliger Geist.
>
> Er ist der Eine. Er ist es.
>
> Nichts und niemand sonst.«[67]

Meine Freunde erleben den Frieden, den Jesus ihnen versprochen hatte. Sie ruhen in seinem abgeschlossenen Werk. Sie sind so viele Kilometer mit ihm gegangen, dass sie es tun wie er: Sie schlafen durch den Sturm (vgl. Mt 8,23–27). Sie können wahrlich beruhigt sein, weil sie ihren guten und mächtigen Gott kennen und ihm vertrauen.

Nur eine Sache kann die Ängste und Unsicherheiten heilen, die wir dann erleben, wenn wir unser Leben selbst kontrollieren. Diese eine Sache ist Jesus, der gekreuzigt wurde, auferstand und wiederkommen wird. Das Gegengift gegen Angst und Furcht und Unsicherheit unserer Welt ist das Wissen, dass er der absolute Entscheidungsträger in allen Dingen ist, dass er gut und mächtig und freundlich ist und dass er uns so sehr geliebt hat, dass er sein Leben für uns dahingab.

Da wir in ihm gefestigt sind, können wir ruhig sein.

Fragen für die persönliche Reflexion oder Gespräche in der Gruppe

1. *Wo hast du die schwindelerregenden Wahlmöglichkeiten erlebt, die ich im Supermarkt erlebte? Teile lustige und ernste Beispiele.*

2. *Stimmst du zu, dass die Wahl ein Wert, eine Priorität und ein Recht geworden ist? Wo siehst du Beispiele für Menschen, die süchtig nach Wahlmöglichkeiten sind?*

3. *Was ist an Wahlmöglichkeiten gut? Was kann an der Auswahl schlecht sein?*

4. *Welche Sorgen und Probleme versuchst du mit welchen Optionen in den Griff zu bekommen?*

5. Reflektiere die folgenden Verse. Welche geben dir am meisten Frieden und Ruhe? Warum?
Psalm 115,3
Sprüche 31,25
Habakuk 3,17–18
Matthäus 7,24–27
Johannes 14,26–27
Römer 8,1–2
Epheser 2,8–10
Epheser 1,3–6

6. Warum ist Stolz der Feind der Hoffnung?

7. Wir Christen sind Kinder der Hoffnung. Lies 2. Korinther 4,7–10 und denk darüber nach, wie Gott dir in einer spezifischen Herausforderung Hoffnung gegeben hat.

8. Wie kannst du dich darin üben, deinen Sinn auf ein unvergängliches und unbeflecktes und unverwelkliches Erbe zu richten, das für dich im Himmel aufbewahrt wird (vgl. 1 Petr 1,4)?

7

Bleibende Freude

Vor unserer Hochzeit sparte mein Mann Geld und kaufte ein gebrauchtes Auto, das er sich lange Zeit gewünscht hatte. Das war Ende der 90er-Jahre – dementsprechend war es ein sehr beliebter, dunkelvioletter Volkswagen Jetta. Seitdem ich ihn kannte, wollte er dieses Auto haben. Es sollte sein Erwachsenen-Auto sein – ein signifikanter Aufstieg von dem Sportwagen, den er zuvor fuhr.

Nach Jahren des Knauserns und Sparens brachte er seinen Stolz und seine Freude endlich heim und parkte vor dem Haus. Als ich ihn besuchte, fragte ich ihn begierig, ob ich eine Runde drehen dürfe. Mit nur einem Hauch des Zögerns sagte Mark Ja. Der Wagen hatte eine Gangschaltung und war einfach toll. Deutsche Ingenieurskunst.

Nach einer kurzen Spritztour in der Nachbarschaft kam ich mit dem dunkelvioletten Volkswagen Jetta wieder vor dem Haus an, legte den Rückwärtsgang ein und setzte zurück, damit ich die Einfahrt nicht blockierte. *Krach*. Ich hatte das andere Auto einfach nicht gesehen. Und so bekam die Heckstoßstange eine große Delle und die (wie sich herausstellen sollte sehr teure) sehr beliebte und sehr dunkelviolette Farbe splitterte ab. Wenn ich jetzt, zwanzig Jahre später, daran denke, wird mir immer noch unwohl dabei.

Was in der einen Minute die Quelle großer Freude war, wurde in der nächsten Minute zu einer großen Enttäuschung.

Der glücklichste Ort auf Erden

Der beste Ort, um flüchtige Momente der Freude zu beobachten, ist wahrscheinlich Disneyland. Dort kannst du Kleinkinder entdecken, deren Laune in weniger als fünf Sekunden von heller Begeisterung zu heller Wut umschlägt. In einem Moment umarmt der kleine Kerl Goofy, im nächsten Moment schreit und kreischt er, weil das Eis zu Boden gefallen ist. In Rekordzeit von Freude zu Trauer.

Und das trifft nicht nur auf Kleinkinder zu, sondern auch auf ältere Kinder. Sie schreien vor Begeisterung bei einer Achterbahnfahrt; danach schreien sie vor Wut, weil ihre Geschwister beim Warten in der nächsten Schlange etwas machen, das ihnen nicht gefällt. Ich habe mich selbst sagen hören: »Oh ja, du machst diese Fahrt jetzt mit, kleine Dame! Mama hat diesen Haufen Geld nicht bezahlt, damit du jetzt kneifst!« Ich weiß. Kein Moment, auf den ich stolz bin.

Disneyland ist blitzblank. Alle Mitarbeiter lächeln ohne Unterbrechung. Der Anblick, die Gerüche und Geräusche lassen deine Sinne von einer Freude zur nächsten wandern. Die Paraden und Mickey-Brezeln und wunderschönen Landschaften haben fast den Zustand der Perfektion erreicht. Vielleicht ist es wirklich der glücklichste Ort der Welt.

Und doch verlässt niemand Disneyland ohne einen Wutausbruch, Streit oder Zusammenbruch. Mütter und Väter, Omas und Opas, große Schwestern und kleine Brüder. Niemand kommt ungeschoren davon.

Irdische Freude vergeht

Wir leben für Momente der Freude – sowohl die bedeutenden als auch die einfachen. Du und ich und jeder Mensch auf diesem Planeten sucht täglich nach Dingen, die uns glücklich machen. Werbung, soziale Medien und unsere Freundinnen sagen uns, wo wir sie finden können. So viele Ideen und Lifehacks und Produkte versprechen uns, lebensverändernd und freudebringend zu sein.

Ich wage zu behaupten, dass wir den größten Anteil unserer wachen Stunden damit verbringen, nach Glück, nach dem Geheimnis der Zufriedenheit und Erfüllung zu suchen. *Wenn ich die Kinder nur endlich ins Bett gebracht und eine Tasse Kaffee in der Hand habe, dann bin ich glücklich. Wenn ich nur endlich diese Hausarbeit eingereicht habe, dann bin ich glücklich. Wenn doch nur endlich Freitagabend ist, bin ich glücklich. Wenn ich nur in dieser Schule angenommen werde, diese Anstellung bekomme, den Mann heirate, ein Haus in der Gegend kaufe, genug Geld für diese Handtasche gespart habe …*

Schwierig an diesen freudigen Momenten ist nur, dass sie vergänglich sind. Der Mittagsschlaf, der Lifehack, der Abschluss, die langersehnte Gehaltserhöhung. Früher oder später (und oft früher als gedacht) vergeht das Hochgefühl.

Wir alle haben dunkelviolette Jettas, oder nicht? Das Haar der Puppe verknotet. Das Bein des Dinosauriers bricht ab. Der Rucksack, den gerade alle coolen Kinder tragen, bekommt einen Fleck vom auslaufenden Textmarker. Die überteuerten Sportler-Sneaker sind nur einen Monat lang in Mode und werden vom nächsten Modell abgelöst. Die Must-have-Babyprodukte werden zurückgerufen. Der Bildschirm des neuen iPhones zersplittert.

Aber es sind nicht nur materielle Dinge. Auch Menschen und Traditionen und Lebensstile enttäuschen. Dein enger Freund beginnt, dich zu meiden. Die Werte deiner Schwester entwickeln sich gegenteilig zu deinen. Dein Ehemann bleibt schon wieder länger im Büro. Deine Kinder geben Widerworte. Dein Mentor sündigt. Dein Pastor fällt in Versuchung. Der Weihnachtsbraten brennt an. Das Geburtstagsgeschenk ist nicht das, was du dir gewünscht hattest. Deine Gemeinde hat sich verändert. Deine Nachbarn stellen sich gegen dich. Deine Arbeit kommt dir wie Zeitverschwendung vor. Das Erdbeben. Der Waldbrand. Die Teuerung. Die Arbeitslosigkeit. Die Krankheit. Der plötzliche Tod.

Wo in aller Welt können du und ich *bleibende Freude* finden?

Unser kleiner, sicherer Glaubenskreis

Jeder Christ muss zu dem in Kapitel 3 besprochenen Moment kommen, in dem uns bewusst wird, dass die Freude, die wir in der Welt suchen, flüchtig ist. Dieser Moment führt uns dazu, in Christus verwurzelt und gegründet zu sein. In diesem Moment kommt die Freude, die wir durch Dinge oder Menschen oder Erfolge erlebt haben, an ihr Ende und Jesus zieht uns in seiner Gnade zu sich. Es ist Gottes Freundlichkeit, die offenbart, dass wir ihn brauchen.

Wir erreichen das Ende und wissen, dass Gott uns helfen wird. Deshalb wenden wir uns an ihn. Wir atmen tief ein und flüstern ein Gebet für Geduld auf der Arbeit. Oder wir halten kurz in der Küche inne und bitten den Geist, unserer Wut Einhalt zu gebieten. Uns wird bewusst, dass Freude irgendwie nur in Jesus zu finden ist.

Aber was ist, wenn wir uns an einen Gott wenden, der aus der Substanz dessen gemacht ist, was wir erdacht und ihm ganz unbewusst zugeschrieben haben? Ein Gott mit Attributen, die wir aus Versehen erfunden haben? Ein Retter, der unbeabsichtigt und doch auffällig einer besseren Version unserer selbst ähnelt?

Immer wieder sehe ich es bei mir und anderen: Wir wenden uns an einen Gott, der in unserem Bild erschaffen ist – ein Gott, der sicher und klein und hauptsächlich an unserem Komfort, unserer Sicherheit und unserem Erfolg interessiert ist. Ein Gott, der unsere Bemühungen belohnt. Ein Gott, der möchte, dass wir gesund sind, sicher an jedem Ziel ankommen und jeden Meilenstein auf dem Weg zum Erfolg erreichen.

Dieser Gott würde von uns nie etwas Verrücktes verlangen. Dieser Gott würde von uns nicht erwarten, harte Zeiten auszuhalten. Dieser Gott ist nur für unser Bestes da, und wir selbst definieren, wie das »Beste« aussieht.

Ich bin mir nicht sicher, was zuerst kommt: der Gott, den wir selbst erfinden; unser Glaube an ihn; oder die Berufung, von der wir glauben, dass er sie uns gegeben hätte. Jedenfalls fördern sie alle einander in einem endlosen Kreislauf. Der Gott in unserem Bild ist klein und sicher. Unser Glaube an ihn ist schwach und mager. Die Berufung, der wir folgen, können wir aus eigener Kraft und Stärke erreichen. Auf diese Weise bleibt unsere Glaubensreise überschaubar – wir haben sie im Griff. Es ist das Streben nach Freude mit geringem Risiko.

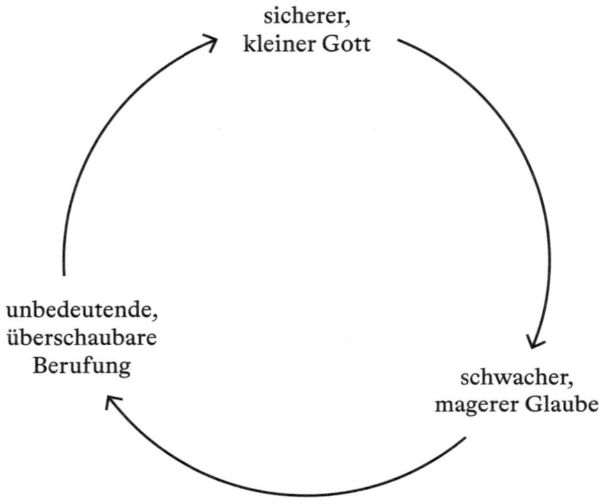

Wie alle anderen werde ich von diesem kleinen Kreislauf angezogen. Meine Ziele sind Gesundheit, eine gute Bildung für die Kinder, eine gute Rentenaussicht und viel Sport an den Wochenenden. Wir feuern einander beim Verfolgen unserer kleinen Träume an und behaupten, dass unser kleiner Gott das so wolle.

Das sichere Zeichen dafür, dass unser Gott, unser Glaube und unsere Berufung klein und selbstzentriert sind, ist, dass wir uns im Zentrum all dessen wiederfinden. Wir müssen uns die Frage stellen, ob die Werte unseres Gottes mit unseren eigenen identisch sind. Haben wir die Worte der Bibel so verdreht, dass sie unseren Vorlieben entsprechen, anstatt dass wir durch sie verändert werden? Leben wir genauso wie unsere nicht-christlichen Freunde und Verwandten und klatschen lediglich ein #gesegnet an alles, was wir tun? Wachsen wir über uns hinaus?

Leben wir bei unserer Suche nach Freude für unsere eigene Ehre, unseren eigenen Namen oder unseren eigenen Erfolg? Können wir wirklich sagen, dass das Christentum *Glauben* erfordert? Denn das, was Jesus von uns fordert, bedarf des Glaubens. Er fordert dich und mich auf, zu sterben. Und in diesem Sterben verspricht er Freude.

Wir haben im ersten Kapitel festgehalten, dass der Sirenengesang des Selbst mächtig ist. In der griechischen Mythologie waren die Sirenen anziehend für die Matrosen und sorgten dafür, dass sie an den steinigen Felsen Schiffbruch erlitten. Heute sind die Sirenengesänge meine Selbsterhaltung, Selbsterhöhung und Selbstdarstellung, denen ich nur schwer widerstehen kann. Komme ich ihnen zu nahe, erleidet meine Freude Schiffbruch.

Das Selbst ist die Sirene, die Ungläubige und auch Gläubige von bleibender Freude fernhält.

Jesus zerstört den kleinen Kreislauf

Jesus zerstört unseren kleinen, sicheren Glaubenskreis, indem er sagt: »Will mir jemand nachfolgen, der verleugne sich selbst und nehme sein Kreuz auf sich und folge mir nach. Denn wer sein Leben behalten will, der wird's verlieren; und wer sein Leben verliert um meinetwillen und um des Evangeliums willen, der wird's behalten« (Mk 8,34–35). Diese Berufung, uns selbst zu verleugnen, unser Kreuz auf uns zu nehmen und Jesus zu folgen, ist weder klein noch unbedeutend.

Die Wahrheit ist, dass die Schrift uns aufruft, in einem großen, risikoreichen und selbstverleugnenden Kreislauf zu leben. Um diesem Ruf zu folgen, brauchen wir einen großen Gott, der

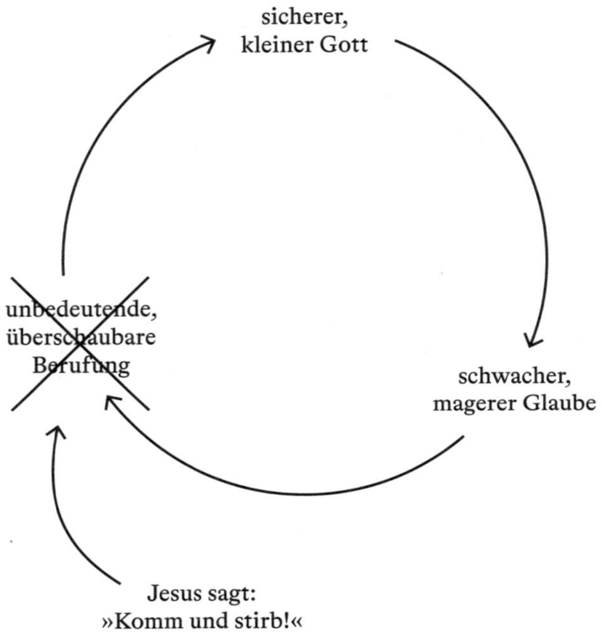

fähig ist, große Dinge in uns und durch uns zu bewirken. Wir brauchen einen Glauben, der robust ist und harte Dinge nicht ablehnt – einen Glauben, der anerkennt, dass es die harten Dinge sind, die Gott zu unserem Besten und zu seiner Ehre gebraucht.

Und hier kommt der Clou. Jetzt kommt das lebensverändernde Paradoxon des christlichen Lebens. Hier – genau hier! – kann bleibende Freude gefunden werden: Wenn du und ich im Evangelium verwurzelt, gegründet und gefestigt sind, wenn du und ich an einen großen Gott glauben, von einem großen Glauben, den nur er geben kann, erhalten werden und unser Leben als Antwort auf seinen Ruf niederlegen, dann finden wir Freude. *Wer sein Leben verliert um meinetwillen, der wird's behalten.*

Bevor wir nun über das große Paradoxon des echten Glaubens nachdenken, dass Selbstverleugnung zu bleibender Freude führt, sollten wir uns daran erinnern, dass Gott uns auffordert, uns mit unserem Retter zu identifizieren. Lasst uns nicht vergessen, dass Jesus tatsächlich darauf besteht, dass seine wahren Nachfolger ihre eigenen Kreuze tragen.

Wir brauchen diese Erinnerung, denn wenn wir ehrlich sind, geht diese Wahrheit in unserem komfortablen, westlichen und christlichen Kontext leicht verloren.

Jesus sagt wirklich: Komm und stirb

Os Guinness sagt: »So gilt für viele Gläubige, dass das christliche Leben einfach das bessere Leben ist. Mit Jesus läuft es einfach besser. Für sie ist daher nicht entscheidend, ob es Gott oder die Auferstehung gibt.«[68] Deshalb müssen wir uns selbst fragen, ob unser Leben anders aussieht als das unserer nicht-christlichen Nachbarn, Freunde und Verwandten. Leben wir ein unverkennbar christliches Leben? Streben wir wirklich danach, Jesus ähnlich zu werden?

Das unverkennbar christliche Leben ist eines, das dem Herrn völlig hingegeben ist. Natürlich nicht perfekt. Wir werden Perfektion erst im Himmel erreichen. Aber ist dein Leben von einem ständig wachsenden Wunsch geprägt, so zu werden wie dein Erlöser?

Der Pastor und Theologe Dietrich Bonhoeffer sagte in seinem Buch: »Jeder Ruf Christi führt in den Tod.«[69] Bonhoeffer war aufgrund seiner Identität in Christus ein lautstarker Andersdenkender und wurde deshalb von den Nazis in einem Konzentrationslager kurz vor dem Ende des Zweiten Weltkrieges durch Erhängen hingerichtet.

Während Bonhoeffer und viele andere Christen den Märtyrertod starben, sind wir alle *zumindest* zu einem Martyrium berufen, »bei dem man geduldig die Verfolgung um der Liebe Gottes willen auf sich [nimmt], ohne getötet zu werden. In dem Sinn bedeutet Jüngerschaft eine ›weiße Beerdigung‹, also das bereitwillige Opfern der eigenen Unabhängigkeit.«[70]

Jesu Gebot an uns ist wie das Gebot seines Vaters an ihn. Jesus kann unser Messias sein, weil er kam und starb. Erlösung kommt durch den Tod. Und wir können nur dann seine Jünger sein, wenn wir dasselbe tun. Wir sind durch seinen Tod gerettet und werden durch unzählige kleine Tode geheiligt, während wir ihm folgen.

Immer und immer wieder sehen wir diese Anweisungen zum Sterben in der Bibel. Wir werden aufgefordert, unsere Unabhängigkeit zu töten und unter der Herrschaft Christi zu leben. Diese Botschaft wirst du nicht auf Kaffeetassen, Sofakissen oder Bestsellern finden, aber auf den Seiten der Schrift:

> »Wer sein Leben lieb hat, der verliert es; und wer sein Leben auf dieser Welt hasst, der wird's bewahren zum ewigen Leben.« (Joh 12,25)

> »Oder wisst ihr nicht, dass alle, die wir auf Christus Jesus getauft sind, die sind in seinen Tod getauft?« (Röm 6,3)

> »Täglich sterbe ich, so wahr ihr mein Ruhm seid, den ich habe in Christus Jesus, unserm Herrn.« (1 Kor 15,31)

> »Ich lebe, doch nun nicht ich, sondern Christus lebt in mir. Denn was ich jetzt lebe im Fleisch, das lebe ich im Glauben an den Sohn Gottes, der mich geliebt hat und sich selbst für mich dahingegeben.« (Gal 2,20)

> »Denn ihr seid gestorben, und euer Leben ist verborgen mit Christus in Gott.« (Kol 3,3)

Den Tod zu wählen, ist für uns nicht natürlich. Wir wollen Sicherheit, Komfort und Erfolg, wie in der Graphik beschrieben. Jedes Mal, wenn ein Kopfschmerz droht, nehme ich ein Schmerzmittel. Wir legen Anschnallgurte an. Wir kaufen Liegesessel. Wir befestigen Netze um das Trampolin und setzen Helme auf die Köpfe der Kinder. Wir suchen Schutz und nicht den Tod. Aber wenn es um unser geistliches Leben geht, befiehlt Jesus das Gegenteil.

Wenn dein Andachtsbuch, deine Frauen-Bibelgruppe, dein Pastor, dein Lieblingsautor oder dein bester Freund dich nicht dazu ermutigen, zu kommen und zu sterben, sollten die Alarmglocken in deinem Kopf läuten. Richtet sich ihre Botschaft auf Selbsterhaltung und Selbstförderung, so weißt du, dass sie nicht dem Wort Gottes entspricht. Wenn sie dich im kleinen Kreislauf belassen möchten, weißt du, dass es nicht das Leben ist, das Jesus für dich vorhergesehen hat.

Wie Sünde uns im kleinen Kreislauf festhält

Sünde besteht darauf, dass mein Weg besser ist als Gottes Weg. Für viele von uns Christen besteht die Sünde aus dem Verharren im kleinen Kreislauf und die fehlende Bereitschaft, von Jesu Ruf gestört zu werden.

Guinness sagt es so: »Sünde besteht im Kern aus dem ›Anspruch des Rechts auf mich selbst‹, weshalb der ›Anspruch auf das Recht, meine Sicht der Dinge‹ zu haben die Wurzel eines tiefgreifenden und unausweichlichen Relativismus ist.«[71] Das bedeutet, wenn wir sagen: »Mein Gott würde das niemals befehlen« oder »Mein Jesus würde das niemals tun« oder »Hat Gott das wirklich gesagt?«, dann sündigen wir. Der Kreislauf des Kleinglaubens ist so alt wie Adam und Eva.

In 2. Mose 20,3 steht: »Du sollst keine anderen Götter haben neben mir.« Wenn du und ich aber darauf bestehen, unseren Glauben zu managen und unsere Berufung und die Befehle Gottes zu kontrollieren, stellen wir uns selbst über ihn. Innerlich antworten wir: *Nein, Gott hat das nicht wirklich gesagt. Er möchte nicht wirklich, dass ich sterbe.* Und oft bestärken sogar die Christen um uns herum diese Sichtweise. Es ist Sünde, uns selbst zu erfinden, anstatt unserem Retter und Schöpfer ähnlich zu werden.

Wenn wir dazu bereit sein möchten, zu kommen und zu sterben, so wie Jesus es sagt, dann müssen wir zunächst davon überzeugt sein, dass es besser ist, ihm zu folgen als uns selbst. Seine Worte sind wichtiger als unsere. Sein Wille steht höher als unserer. Wir ordnen uns ihm unter. Unterordnung, Hingabe und Leidensbereitschaft sind in den Augen unserer Kultur keine Tugenden. Strebt man danach, Jesus zu ehren und ihn zu verherrlichen, selbst bis hin zu Leid und Tod, wird man von der Welt (und manchmal selbst von der Kirche) als »Narr um Christi willen« abgestempelt (vgl. 1 Kor 4,10).

Sich selbst zu sterben, ist nicht nur radikal gegenkulturell. Es ist auch der eigenen Intuition entgegengesetzt. Tod und Schmerz zu suchen, geht gegen unser Fleisch, unsere Intuition und gegen unsere ganze innere Natur. Christus aber ruft uns, der Geist befähigt uns und der Vater freut sich über uns, wenn wir gehorchen. Genau da – beim Tragen des Kreuzes – erleben du und ich das große Paradoxon des echten Glaubens. Bei Gott führt das Sterben des Selbst zu bleibender Freude.

Evangeliums-Freude

In ihrem Buch *The Pastor's Wife* sagt Gloria Furmann zu Frauen: »Nur die am Kreuz gezeigte Gnade kann uns dazu inspirieren, unser Zuhause unter der Leitung unserer Ehemänner zur Ehre Christi aufzubauen.«[72] Obwohl sie hier spezifisch zu Ehefrauen und im Kontext der Ehe spricht, lassen sich diese Worte hervorragend auf alle Christen in allen Bereichen des christlichen Lebens anwenden.

Nur die Gnade, die uns am Kreuz gezeigt wurde, kann uns dazu inspirieren, irgendetwas zu tun, was Unterordnung oder Leiden erfordert. Natürlicherweise würden du oder ich niemals Selbstverleugnung anstreben. Aber wir können nicht anders, als uns selbst zu verleugnen, wenn wir darüber nachdenken, dass Gott »den, der von keiner Sünde wusste, für uns zur Sünde gemacht [hat], auf dass wir in ihm die Gerechtigkeit würden, die vor Gott gilt« (2 Kor 5,21).

Unsere Sünde für seine Gerechtigkeit. Unsere Dunkelheit für sein Licht. Unsere Zerstörung für seine Wiederherstellung. Unser verdienter Tod für sein ewiges Leben. Hölle für den Himmel. Wenn wir an das Evangelium denken, können wir nur dankbar sein! Wir können nur voller Freude sein!

Tatsächlich ist dies das Herzstück von Paulus' Botschaft an die Kolosser. Er wies sie an: »Wie ihr nun angenommen habt den Herrn Christus Jesus, so lebt auch in ihm, verwurzelt und gegründet in ihm und fest im Glauben, wie ihr gelehrt worden seid, und voller Dankbarkeit« (Kol 2,6–7).

Diese Worte sind die Inspiration und Struktur dieses Buches. Und in ihnen finden wir bleibende Freude. Wir haben Christus durch überwältigende Gnade empfangen (vgl. Kol 2,6). Als wir noch seine Feinde waren, starb er für uns. Und wir leben in überwältigender Gnade, während Gott uns mit allem versorgt, was wir brauchen. Wenn wir in dieser überwältigenden, unverdienten und herrlichen Gnade verwurzelt sind und unser Leben fest in ihm gegründet haben, werden wir in Danksagung überströmen (vgl. Kol 2,7). Diese Gnade wird zwangsläufig zu bleibender Freude führen. Und diese verwurzelte, gegründete und gefestigte Freude wird niemals ihren Glanz verlieren.

Wir strömen vor Dankbarkeit über, wenn wir über das Evangelium und den fröhlichen Tausch am Kreuz nachsinnen. Wie eine alte Hymne ausrückt: »Jesus zahlt die Schuld, Ihm dank ich allein; Ist die Schuld wie Blut so rot, nur Jesus macht sie rein!«[73] Und die Freude kommt. Wenn wir daran denken, dass Jesus alles bezahlt hat, strömt sie wie eine Flut herein, zusammen mit dem ewigen Leben und dem in uns wohnenden Geist und der Dankbarkeit gegenüber Gott.

Paulus schreibt den Ephesern: »Gott, der reich ist an Barmherzigkeit, hat in seiner großen Liebe, mit der er uns geliebt hat, auch uns, die wir tot waren in den Sünden, mit Christus lebendig gemacht – aus Gnade seid ihr gerettet« (Eph 2,4–5). Dieses Wissen macht uns bereit, alles zu tun, was Jesus von uns fordert. Das Evangelium bestätigt uns seine Freundlichkeit und seinen Charakter und dass er vertrauenswürdig ist, sodass wir bereit und sogar begierig sind, unser Leben für ihn hinzugeben.

Im Evangelium erkennen wir auch, dass unser Leben flüchtig ist. Unsere Energie und Kraft sind klein und vergänglich. Aber Jesu Geschichte und Leben, seine Kraft und seine Macht sind ewig. Er bleibt für immer und ewig, Amen. Bleibende Freude finden wir nur bei ihm.

Der große, sich selbst verleugnende Glaubenskreis

Uns das Evangelium beständig vor Augen zu führen, macht uns dazu bereit, aus dem kleinen, sicheren, selbst kreierten, selbst verwalteten Kreislauf auszubrechen und Jesus zu vertrauen. Uns ständig neu an das Evangelium zu erinnern, macht uns bereit, unser eigenes Leben zu verlieren, um echtes Leben zu finden.

Evangeliums-Freude erinnert dich und mich daran, dass wir einem großen Gott dienen, der uns einen großen Glauben gibt und uns dazu befähigt, gemäß seiner großen Berufung für unser Leben zu leben. Evangeliums-Freude führt zur Selbstaufgabe aus dem Wissen heraus, dass es besser ist, zu geben als zu empfangen (vgl. Apg 20,35).

Die Berufung, die Jesus seinen Nachfolgern gibt, sich selbst zu verleugnen und das eigene Leben zu verlieren, wird sich auf so vielen einzigartigen Wegen zeigen, wie es einzigartige Christen gibt. Unser Gott ist kreativ und wir sind seine Geschöpfe und sein Werk (vgl. Eph 2,10). Unsere Berufung wird so verschieden

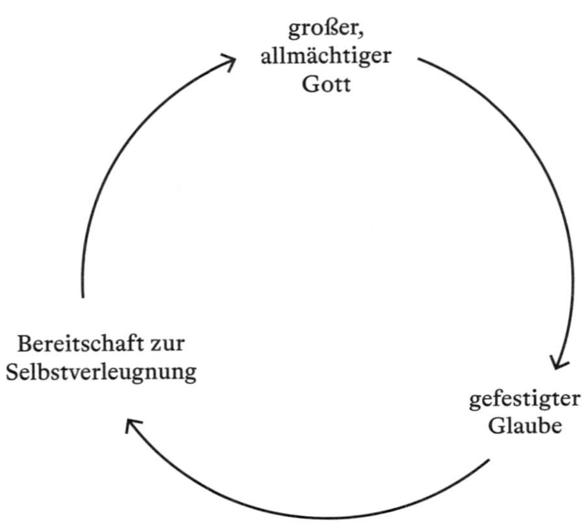

sein, wie wir es sind – aber sie wird verlangen, dass wir uns selbst verleugnen.

Deine Berufung mag gut zu dem passen, was Gott bereits in dein Leben gestellt hat, wie deiner Familie oder deinen Nachbarn zu dienen, mit deiner unheilbaren Krankheit umzugehen oder deinen Besitz treu zu verwalten. Vielleicht zieht deine Berufung dich aber auch aus dem Alltag heraus – auf das Missionsfeld, um unter den Armen zu arbeiten oder ein Kind zu adoptieren.

Als Christus-Nachfolger wissen wir nicht, was morgen kommt. Wir können nicht sagen, was Jesus von uns fordern wird. Aber wir wissen, dass er von dir und mir fordern wird, uns selbst zu verleugnen, unser Kreuz auf uns zu nehmen und mit ihm zu sterben. Johannes Calvin sagte im 16. Jahrhundert: »Denn alle, die der Herr angenommen und seiner Gemeinschaft gewürdigt hat, die müssen sich auf ein hartes, mühseliges, unruhiges Leben voll mancherlei Übel gefasst machen.«[74]

Tatsächlich ist das christliche Leben schwierig. Jesus zu vertrauen, wenn dein junger Sohn an Krebs leidet, ist hart. Jesus zu vertrauen, wenn dein Vater ohne rettenden Glauben stirbt, ist hart. Deine Familie an einen dunklen Ort im Ausland umzusiedeln, um dort das Licht Christi leuchten zu lassen, ist hart. Traumatisierte Kinder zu adoptieren, ist hart. Deine Feinde zu lieben, ist hart. Aufopfernd zu geben, ist hart. Aber wenn Christus-Nachfolger »sich der Gnade Gottes in die Arme werfen ... erfahren sie die Nähe göttlicher Kraft und finden in ihr reichen Schutz und Schirm.«[75]

Wenn wir am Ende der Selbsterhaltung, der Selbstverbesserung und des Selbstmitleids angekommen sind, dann ist dort Jesus. Er gibt uns bereitwillig seine Gegenwart und Kraft. Er ist unsere Hilfe. Er wird uns niemals verlassen oder im Stich lassen (vgl. Hebr 13,5).

Vom Jesus-Verleugner zum Selbst-Verleugner

Petrus war einer von Jesus engsten Freunden und liebsten Jüngern. Er ließ sein Leben zurück, um Jesus in Vollzeit nachfolgen zu können (vgl. Mt 4,18). Er traute sich, aufs Wasser zu gehen (vgl. Mt 14,29). Offensichtlich setzte er all seine Hoffnung auf Jesus.

Und doch verleugnete Petrus seinen Herrn in der Nacht, in der dieser verraten wurde, drei Mal (vgl. Lk 22,54–62). Die Selbsterhaltung triumphierte und aus Angst distanzierte sich Petrus von seinem Herrn.

Aufgrund Gottes großer Gnade und Vorhersehung triumphierte Jesus über den Tod, wurde auferweckt und erschien Petrus, den anderen Jüngern und hunderten weiteren Personen. Im Angesicht von Jesu großer Kraft und Gnade gab sich Petrus neu Christus und der Verkündigung des Evangeliums hin.

Petrus predigte das Evangelium zu Pfingsten freimütig vor einer großen Menschenmenge (vgl. Apg 2,14–41), sodass dreitausend neue Gläubige getauft wurden. Das kontinuierlich freimütige Predigen brachte Petrus ins Gefängnis, aber auch das konnte ihn nicht bremsen. Er argumentierte: »Man muss Gott mehr gehorchen als den Menschen« (Apg 5,29). Und so machte er damit weiter. Am Ende fand er sich in Rom wieder, unter der Befehlsgewalt des boshaften Herrschers Nero und sah dem sicheren Tod entgegen.

Calvin kommentiert hierzu: »Wenn er dachte an den blutigen Tod, dem er entgegenging, so musste ihn ein Grauen ankommen, sodass er gern entflohen wäre. Dachte er aber daran, dass er nach Gottes Befehl gerufen wurde, so überwand und bändigte er seine Furcht und ging gern, ja freudig.«[76]

Petrus, der zugegebenermaßen teils ängstlich und selbstsüchtig war, legte, nachdem er sich auf das Evangelium besonnen hatte, sein Leben voller Freude für Jesus hin. Die Kirchengeschichte und allgemeine Überlieferung sagen, dass er gefordert hatte, kopfüber gekreuzigt zu werden, da er sich unwürdig fühlte, auf die gleiche Weise zu sterben wie Jesus. Petrus war im Glauben verwurzelt, gegründet und gefestigt, was zu Dankbarkeit und großer Freude und der Bereitschaft, sein Leben für seinen Herrn zu lassen, führte.

Du und ich schauen wahrscheinlich keiner Kreuzigung kopfüber entgegen. Aber werden wir dem, was Gott von uns möchte, mit Freude entgegensehen? Werden wir es zulassen, dass wir von der Dankbarkeit dem Evangelium gegenüber weg von uns selbst und hin zu Jesus bewegt werden? Werden wir unseren Klammergriff von der Selbsterhaltung lösen und uns an ihn erinnern, der keine Sünde kannte, aber unsere auf sich nahm, und ihm dann fröhlich unser Leben hingeben?

Für die Freude, die vor uns liegt

Aufgrund der vor ihm liegenden Freude ertrug Jesus das Kreuz (vgl. Hebr 12,2). Noch einmal: Jesus ertrug das Kreuz freiwillig für dich und mich aufgrund von *Freude*. Er richtete seine Augen auf die Freude, die sich einstellen würde, wenn er sein Leben hingibt. Der Schreiber des Hebräerbriefes sagt uns: »Gedenkt an den, der so viel Widerspruch gegen sich von den Sündern erduldet hat, dass ihr nicht matt werdet und den Mut nicht sinken lasst« (Hebr 12,3). Wenn wir an Jesus denken, wenn wir uns an das Evangelium erinnern, wenn wir von Dankbarkeit und Freude angetrieben werden, werden wir nicht kleingläubig sein.

Wenn unser Gott seinen Tod in Freude wandeln konnte, können wir ihm vertrauen, dass er dasselbe mit unserem tun wird. Aufgrund der zukünftigen Freude können wir unser Kreuz tragen. Tatsächlich gibt es keinen anderen Weg zu bleibender Freude. Wahre Freude entsteht, wenn wir unser Kreuz tragen.

Es ist möglich, dass unser Streben nach Freude durch den Tod das Sterben tausend kleiner Tode jeden Tag bedeutet. Unsere Eltern zu ehren, wenn wir wissen, dass sie falschliegen. Unsere Professoren respektieren, die unseren Gott verachten. In der Mitte der Nacht für das Baby aufwachen. Unseren Ehemann am Abend mit einem Kuss begrüßen, obwohl er am Morgen unsere

Gefühle verletzt hat. Unseren Vorgesetzten dienen, obwohl sie nur sich selbst dienen.

James K. A. Smith schreibt: »Zu oft suchen wir nach dem Geist im Außergewöhnlichen, obwohl Gott versprochen hat, im Gewöhnlichen da zu sein.«[77] Wenn wir in ihm bleiben, mit ihm wandeln und nicht uns selbst, sondern ihm beständig auf tausend verschiedene Arten und Weisen dienen, wird uns der Geist mit Freude füllen. Es muss nicht kompliziert sein. Es kann ein Glas mit kaltem Wasser für einen Jünger sein (vgl. Mt 10,42). Es kann einfach nur Freundlichkeit und Güte gegenüber anderen sein. Es geht schlicht darum, Gott zu lieben und unseren Nächsten mehr zu lieben als uns selbst.

Du und ich, die wir in Christus sind, sind nicht in der vergänglichen Freude dieser Welt gefangen. Wir sind nicht von dunkelvioletten Jettas, Ausflügen zu Disneyland oder dem Nachmittagskaffee, während die Kinder ein Schläfchen machen, abhängig. Natürlich kannst du das neue Auto und den Familienurlaub und den wunderbaren Kaffee genießen. Ich tue das auf jeden Fall! Wir dürfen diese Dinge genießen. Lasst uns aber nie vergessen, dass sie zwar gut sind, aber eben nicht ultimativ. Unsere größte Freude kommt nicht davon. Unsere bleibende Freude ist nicht temporär. Sie ist nicht selbst gemacht.

Jesus gab uns dieses Versprechen: »Wenn ihr meine Gebote haltet, bleibt ihr in meiner Liebe, so wie ich meines Vaters Gebote gehalten habe und bleibe in seiner Liebe. Das habe ich euch gesagt, auf *dass meine Freude in euch sei und eure Freude vollkommen werde*« (Joh 15,10–11). Diese Worte wurden von dem Gott-Mensch gesprochen, der für dich und mich und für seine Freude am Kreuz hing. Seinen Worten können wir trauen. Wir dürfen glauben, was Jesus sagt. Wenn wir unser Leben hingeben und in seinen Geboten leben, wird seine Freude in uns sein und unsere Freude wird vollkommen sein.

Bleibende Freude gibt es wirklich. Sie ist zum Finden und Behalten da. Sie kommt von dem Geber des Lebens. Sie ist für dich und mich und alle, die dem Sirenengesang des Selbst widerstehen. Im Zeitalter des Selbst sagen wir: Genug von dir und mir! Mögen wir im Evangelium so sehr verwurzelt, gegründet und gefestigt sein, dass unsere Dankbarkeit überfließt und unsere Freude völlig ist.

Fragen für die persönliche Reflexion oder Gespräche in der Gruppe

1. *Wo suchst du typischerweise nach flüchtiger Freude? Bei einer Tasse Kaffee, einem neuen Auto, einer neuen Karriere? Sprecht darüber, dass diese Dinge nicht schlecht sind. Sie sind gute Gaben und dazu da, uns Freude zu bereiten, und doch sind sie nicht die Quelle bleibender Freude.*

2. *Findest du dich im kleinen Kreislauf wieder? Erkennst du dich wieder, wie du versuchst, Jesus ohne großes Risiko nachzufolgen? Kannst du aufrichtig sagen, dass du für das, wozu Gott dich deiner Meinung nach berufen hat, großen Glauben brauchst?*

3. *Was denkst du, wenn du Jesu Worte in Markus 8,34–35 liest? Wie fühlst du dich, wenn es darum geht, dein Leben zu verlieren und dein Kreuz auf dich zu nehmen? Sei offen und ehr-*

lich und lade deine Schwestern in Christus ein, darüber nachzudenken, was dich dazu verlockt, an dir selbst festzuhalten, oder was dich umgekehrt motiviert, dich selbst zu verleugnen.

4. *Wie inspiriert uns die am Kreuz gezeigte Gnade, etwas zu tun, was Unterordnung oder Selbstverleugnung von uns verlangt oder Leiden mit sich bringt?*

5. *Beschreibe eine Zeit, in der Gott dich befähigt hat, im großen Kreislauf zu sein. Wie war es, Gott als groß wahrzunehmen, einen großen Glauben zu haben und einer großen Berufung zu folgen? Bist du bei dem großen Kreislauf geblieben? Ist er noch größer geworden? Oder bist du abgesprungen?*

6. *Denke über das Leben von Petrus nach. In welcher Hinsicht ermutigt es dich?*

7. *Weil unser Gott seinen Tod zu Freude gewandelt hat – glaubst du, dass er das auch für uns tun wird? Bist du für die vor dir liegende Freude bereit, ein Kreuz zu tragen? Teile mit deinen Freunden, was dieses Kreuz ist, und bitte sie, mit dir für den Glauben zu beten, damit du dabei bleibst.*

8. *Was ist in diesem Zeitalter des Selbst dein Plan, bleibender Freude nachzujagen? Bitte Gott, dich durch den Geist zu leiten und dich zu diesem lebenslangen Vorhaben zu befähigen.*

Fazit

»Tu, was dich glücklich macht!« Auf Instagram-Fotos, Schlüsselanhängern und Zeitschriftencovern schien dies nach einem guten Ratschlag auszusehen. Wir haben es ausprobiert – und es hat nicht funktioniert.

Wir haben mehr Zeit für uns selbst ausprobiert. Häufigere Kaffeepausen. Mehr Yoga. Steilere Karrieren. Bessere Bezahlung. Schönere Häuser. Eine ergonomische Babytrage. Spätere Hochzeiten. Frühere Hochzeiten. Keine Hochzeiten. Vielleicht die Paleo-Diät. Oder die Keto-Diät. Oder vielleicht mehr Kohlenhydrate. Mehr Sport. Mehr Nickerchen.

Wir haben uns an dem Büfett der Optionen bedient. Wir haben uns wirklich bemüht, diese Sache zu verstehen. Aber so viel wir auch »tun, was uns glücklich macht«, wir kommen doch nicht hinterher. Es funktioniert nicht. Tatsächlich zeigen uns Studien, dass wir weniger glücklich sind als je zuvor.

Nun wissen wir, dass dies alles daran liegt, dass wir nicht dafür gemacht sind, für uns selbst zu leben. Du und ich wurden im Ebenbild Gottes geschaffen, um zu seiner Ehre zu leben. Wir sind Darsteller in *seiner* Geschichte. Wie ein jahrhundertealtes Glaubensbekenntnis es ausdrückt, existiert der Mensch, um »Gott zu verherrlichen und sich für immer an ihm zu erfreuen.«[78] Gottes Ehre und unsere Freude stehen miteinander in Verbindung.

Unser Gott, unser Schöpfer und Erlöser, ist gnädig und mächtig und gerecht und vertrauenswürdig und er geht dir und mir unablässig und täglich nach. Wenn wir in seinem Ebenbild wandeln – wenn wir unser Lebensziel ausleben –, wird es zu seinem Ruhm sein und nicht zu unserem eigenen. Unsere Freude kommt, indem wir Jesus ähnlicher werden.

Jesus, der seinen Himmelsthron verließ und bereitwillig das tadellose Leben führte, das du und ich niemals leben könnten, freiwillig für deine und meine Sünde am Kreuz hing und siegreich aus dem Grab aufstieg, sagt: »Wer sein Leben findet, der wird's verlieren; und wer sein Leben verliert um meinetwillen, der wird's finden« (Mt 10,39).

Das wahre Leben wird durch Verlieren gefunden. Wenn du und ich glücklich sein wollen, müssen wir in Christus verborgen sein (vgl. Kol. 3,3). Gott zu genießen und ihm Ehre zu bringen, ist zu unserem Besten.

Vielleicht sollte der Spruch eher heißen: »Tu, was dich *heilig* macht!« Oder wie wäre es damit: »Tu, was dich heilig macht, denn das macht dich wirklich glücklich, weil Jesus, der Geber des Lebens, sagt, dass wir wahres Leben finden, wenn wir sein Kreuz auf uns nehmen und ihm nachfolgen.« Das ist nicht gerade ein Ohrwurm. Er wird wahrscheinlich nicht viele Kissen verkaufen. Aber es ist die Wahrheit. In der Selbstverleugnung und im Tragen des Kreuzes werden wir die bleibende Freude finden, nach der wir uns sehnen.

Niemand tendiert automatisch zur Heiligkeit

Unser Kreuz zu tragen und zu Gottes Ehre zu leben, fällt uns nicht natürlich zu. Obwohl es tatsächlich zu unserem Besten ist, treibt niemand automatisch in Richtung Heiligung. Der Theologe und Professor D. A. Carson sagt:

> »Menschen treiben nicht zur Heiligkeit hin. Abgesehen von Gnade-gewirkter Anstrengung tendieren Menschen nicht zur Gottesfurcht, zu Gebet, Gehorsam der Schrift gegenüber, Glauben und Freude im Herrn. Wir treiben Richtung Kompromiss und nennen es Toleranz; wir driften Richtung Ungehorsam und nennen es Freiheit; wir treiben Richtung Aberglauben und nennen es Glauben. Wir schätzen die Disziplinlosigkeit verlorener Selbstkontrolle und nennen es Entspannung; wir schlurfen Richtung Gebetslosigkeit und täuschen uns selbst zu dem Denken, wir seien der Gesetzlichkeit entkommen; wir rutschen Richtung Gottlosigkeit und überzeugen uns selbst, wir seien befreit worden.«[79]

Anders ausgedrückt: Wir treiben auf uns selbst zu. Heiligung erfordert Intentionalität. Streben wir nach bleibender Freude, müssen wir im Evangelium verwurzelt, gegründet und gefestigt sein. Und das erfordert in Carsons Worten Gnade-gewirkte Anstrengung. Es bedarf der Hilfe des Heiligen Geistes. Wir müssen das Selbst vom Platz der höchsten Priorität entfernen und uns selbst verleugnen.

Getrennt von Jesus können wir nichts tun (vgl. Joh 15,5). Wir müssen in ihm bleiben und er in uns. Wir müssen unseren Sinn konstant durch das Wort Gottes, durch das Volk Gottes und durch den Geist Gottes erneuern. Auf diese Weise können wir gegen die Flutwelle ankommen, die uns in den kleinen Kreislauf ziehen will. Durch Gnade-gewirkte Anstrengung, d. h. durch Disziplin, zu welcher der Heilige Geist uns befähigt, können wir gegen den Strom der Kultur und des Fleisches schwimmen und uns im großen Kreislauf etablieren.

Der große Kreislauf vergrößert sich

Das Erstaunliche am großen Kreislauf ist, dass er größer wird. Es bleibt nicht bei der gleichen, runden Form. Er wächst wie ein Wirbelsturm nach außen. Das ist geistliches Wachstum bzw. Heiligung. Wie Paulus es ausdrückt: »[S]o wird doch der innere [Mensch] von Tag zu Tag erneuert« (2 Kor 4,16).

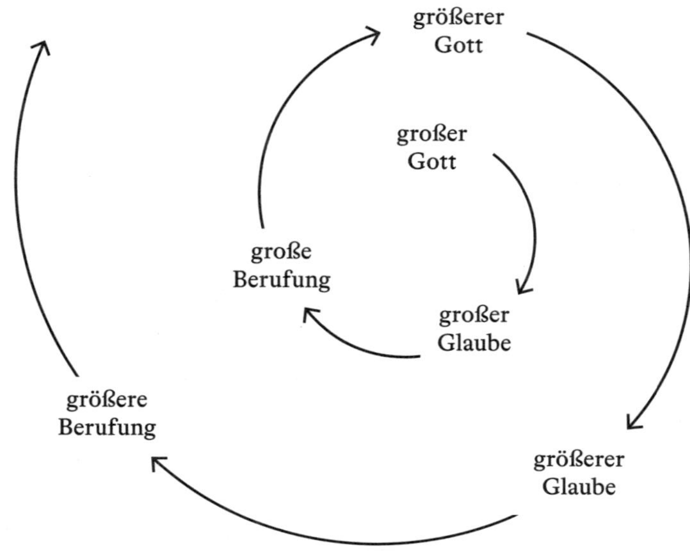

Während du und ich im Verständnis unseres großen Gottes wachsen, wird unser Glaube größer und wir werden ausgerüstet, seiner großen Berufung zu folgen. Zu diesem Zeitpunkt jedoch gehen wir nicht zurück zu unserem ursprünglichen Verständnis von Gott. Unser Verstehen erweitert sich. Unser Glaube wächst. Und unsere Berufung wird größer. Je mehr wir ihn kennen, desto mehr vertrauen wir ihm und desto mehr sind wir bereit und befähigt, in seinem Namen zu handeln.

Wir wachsen in unserem Glauben von der Kindheit bis zur Reife heran (vgl. 1 Petr 2,2). Das Ablegen des alten Selbst und Anlegen des neuen Selbst ist kein einmaliges Ereignis (vgl. Eph 4,22–24). Es ist ein lebenslanges, wachsendes Streben. Unser Glaube strahlt weiter und weiter. Gottes Ehre wird heller und heller. Unsere Freude geht tiefer und tiefer.

Denk an Petrus. Als frisch gebackener Christ brauchte er viel Glauben, um sein Leben zurückzulassen und Jesus zu folgen. Aber als er seinen Herrn besser und besser kennenlernte, wuchs auch sein Glaube. Er begann wirklich zu glauben, dass Jesus die Kranken und die Hungrigen heilen kann. Und dann hatte er Glauben, sowohl Christus freimütig zu verkünden als auch eine Gefangennahme und die Ablehnung seiner Mitmenschen zu ertragen. Am Ende hatte er Glauben, um kopfüber gekreuzigt zu werden, weil er Jesus nachfolgte.

Für deinen und meinen Glaubensweg ist das ebenso wahr. Zu Beginn mögen wir beim Verfolgen der kleinsten Aufgaben, die Jesus uns anvertraut, kämpfen. Wir mögen bei dem Gedanken zittern, Gott bei der Familienfeier zu erwähnen. Aber dann probieren wir es aus – und unser Gottesverständnis wächst, unser Glaube wächst und unsere Berufung wächst. Und so beginnen wir, unseren Kollegen, Nachbarn und Freunden von Jesus zu erzählen. Und eines Tages finden wir uns bei der Verkündigung des Evangeliums an unseren Feind, einem Gefangenen oder einem Ungläubigen in einem dunklen Land weit weg wieder. Unser großer Kreislauf wird größer.

Ich muss an meine Freundin Shannon denken. Sie kam mit einer Gruppe Freundinnen zu einem Missionseinsatz in Südostasien mit und kam dort zum Glauben. Ihre Glaubensreise bewies immer wieder, dass Gott treu ist. Ihre Erfahrungen mit dem Herrn ließen immer größere Berufungen zu. Nach ihrer Zeit in Südostasien hatte sie den Glauben, die Liebe Jesu mit gefährdeten Frauen zu teilen, Bibelgruppen zu leiten, dann eine Tochter aus dem Ausland zu adoptieren, Christus in Veranstaltungen in der Nachbarschaft zu verkündigen und schließlich drei ältere Geschwister aus dem Jugendhilfesystem nach Hause zu bringen. Shannon sprang nicht über Nacht von null auf hundert. Der Herr umwarb sie hin zum großen Kreislauf. Sie glaubte, dass er ist, wer er zu sein behauptet. Sie vertraute ihm und ging den ersten Schritt. So führte ein Glaubensschritt zum nächsten. Shannon kann nun zahllose Taten und Abenteuer bezeugen, zu denen er sie geführt hat. Ihr Leben ist ein Licht, eine Stadt auf dem Berg (vgl. Mt 5,13–16).

Was ist der nächste Glaubensschritt, zu dem Gott dich ruft? Wo magst du in deinem Glauben wachsen und Gott glauben, dass er genau der ist, der er zu sein behauptet. Wir sind alle zu großem Glauben berufen, aber die Glaubenstaten sind unterschiedlich. Du magst in einem Zuhause, einem Büro, einer Ehe, einer Nachbarschaft großen Glauben unter Beweis stellen müssen. Oder du magst deinen Glauben am anderen Ende der Stadt, am anderen Ende der Welt, am anderen Ende deiner Komfortzone ausüben. Unser Leben und unsere Berufung sind einzigartig und unterschiedlich. Aber wir alle sind berufen.

Die Welt sagt uns, wir sollen in uns nach Freude suchen, uns für unser Glück auf uns selbst verlassen, unsere eigene Bedeutung und unseren Erfolg schaffen. Dieser Kreislauf wird jedoch kleiner und kleiner, richtet sich gegen sich selbst und löscht am Ende dein und mein Leben aus. Genau das hat mich auf dem Boden meines Studentenzimmers landen lassen. In seiner Gnade und Kraft hob Gott meine Augen auf zu ihm, weg von mir. Indem ich auf ihn achtete, kam die Freude.

Gott ist so gnädig, dass er uns Wachstum schenkt und uns verändert, während wir mit ihm leben. Aus dieser Reise heraus kommt bleibende Freude, und er ist bestrebt danach, sie uns zu geben. Das Leben in Christus – das wahre Leben, bei dem wir unser Leben verlieren, um seines zu gewinnen – ist das kraftvolle Gegengift, das bereitsteht. Damit können wir die Entmutigung und Desillusionierung im Zeitalter des Selbst behandeln.

Mögen wir uns für die bleibende Freude an den Geber des Lebens wenden. Mögen wir Gnade-gewirkte Anstrengung aufbringen, die uns in Christus verwurzelt und gründet und uns im Glauben festigt. Möge unser Glaube und damit unsere Freude wachsen, sich ausweiten und in den folgenden Tagen und Jahren hell strahlen.

Danksagungen

Diese Botschaft in die Hände der Leser zu legen, war eine große Freude. Ich bin dem Herrn so dankbar für dieses Geschenk seiner Gnade. Ihm sei alle Ehre.

Dass dieses Buch möglich wurde, verdanke ich den Ermutigungen erfahrener Autoren sowie Hilfe von denen, die bereits in der schreibenden Welt aktiv sind. Danke, Melissa Kruger, dass du mich eingeladen hast, für die Gospel Coalition zu schreiben, für deine Freundschaft und dein Vorbild im Eintreten für das Wort Gottes in der Frauenarbeit. Danke, Shanna Davis, dass du meine Worte gelesen, an meine Botschaft geglaubt und diese Verbindung hergestellt hast. Danke, Tim Challies, für das Lesen und Teilen meines Blogs. Du ermutigst so viele neue Autoren und ich fühle mich geehrt, unter diesen sein zu dürfen. Danke, Andrew Wolgemuth, dass du mir geholfen hast, die Welt des Schreibens zu verstehen, die mir immer noch etwas fremd ist. Danke für deine unermüdliche Anleitung und Rückmeldung zu meinen zahlreichen Fragen, egal ob groß oder klein, und für die Zuversicht weiterzumachen, die du mir gegeben hast. Und Dank auch an Chrissy Wolgemuth, dass du vor etwa vier Jahren »Hallo« zu mir gesagt hast und meine Freundin und Ermutigerin geworden bist. Dankeschön, Tara David, dass du deine Gabe des Lektorierens mit mir geteilt hast. Deine vorsichtige Arbeit hat dieses Buch stark gemacht. Jen Wilkin, danke für deine bibelzentrierte Frauenarbeit. Du warst eine Mentorin aus der Ferne. Danke für deine wunderbare Anleitung und deine Großzügigkeit im Schreiben des Vorwortes. Und schließlich Dank an Dave DeWit für die Bereitschaft, mit einer nagelneuen Autorin ein Risiko einzugehen.

Ein Dank an alle Unterstützer im Gebet und in der Finanzierung, die seit zwei Jahrzehnten in unser Leben in der Missions- und Gemeindegründungsarbeit investiert haben. Euer Einsatz im Königreich durch eure Arbeit mit Cadence International, Pioneers International und Redemption Parker war eine Ehre für meine Familie und mich. Ohne euren verlässlichen Einsatz für die Schrift und uns Oshmans könnten wir nicht in diesem Dienst stehen. Danke, dass ihr es mir ermöglicht habt, dieses Buch zu schreiben.

Ich bin unendlich dankbar für meine Freunde, die über Jahre und große Distanzen konstant geblieben sind. Danke, Jen Rathmell und Kristie Coia, dass ihr verlässliche Quellen der Stärkung, der Gnade und der Wahrheit seid. Und auch an alle Frauen aus unseren Jahren am Hafen in Okinawa und Betanie in Tschechien: Ihr habt eure Rolle darin gespielt, dass ich wachse und die Botschaft dieses Buches geformt wird. Ich vermisse euch.

Danke an meine Freunde vor Ort, die alle Gespräche und Gebetszeiten mit mir durchgestanden haben, in denen ich mich fragte, ob ich es überhaupt probieren soll. Danke, Sue Toussaint, Alivia Russo und Allie Slocum, dass ihr Kolosser mit mir auswendig gelernt habt – das waren mit Sicherheit die Samen dieses Buches. Danke an die Damen von Redemption Parker, dass ich meine Ideen bei euch ausprobieren durfte, und euren Enthusiasmus für meine Botschaft. Danke, dass ihr mit mir die Bibel studiert, mit und für mich gebetet und mich ermutigt habt. Dank an Joe und Whitney Finke, dass ihr meine ersten Kapitel gelesen und eure Begabungen in Photographie und im Schreiben mit mir geteilt habt. Danke an die Frauen in meiner Kleingruppe, die mich unermüdlich angefeuert haben. Danke, Sandie Dugas, für deine Partnerschaft in der Schrift, deine anhaltende Freundschaft und dass du zu gleichen Teilen gottesfürchtig und zum Umfallen lustig bist.

An meine Freunde, die meine Texte vorab lesen und mir Rückmeldung geben. Danke für eure Hingabe. Danke, Kim Forney, für deine unermüdliche Unterstützung und das Nachhaken, wenn meine Worte zu schwach waren – du machst eine bessere Autorin aus mir. Danke, Carrie Abraham, für mehr als ich je aufzählen könnte. Du hast nicht nur jedes einzelne Wort in meinem Manuskript gründlich gelesen, sondern du und Chris haben immer wieder euer Leben für uns hingegeben.

Danke, Mama, dass du mich vor drei Jahrzehnten mit in die Gemeinde genommen hast. Du hast es mir ermöglicht, die Schrift zu hören und die lebensverändernde Gnade Jesu anzunehmen. Danke auch, dass du in mir die Liebe zum Lesen und Schreiben von frühester Kindheit an eingepflanzt hast. Danke, Rebekah, Zoe, Abby Grace und Hannah, dass ihr meine Töchter seid. Ich liebe es von ganzem Herzen, eure Mama zu sein. Danke, dass ihr mir den Freiraum geschaffen habt, dieses Buch zu schreiben, und dass ihr darüber genauso erfreut seid wie ich. Danke, Mark, dass du mich so liebst, wie Christus die Gemeinde liebt. Du hast mehr als jeder andere Mensch in mich investiert – die Worte in diesem Buch sind ebenso deine, wie es meine sind. Ich hätte mir keinen besseren Gefährten für ein Leben auf drei Kontinenten, mit vier Töchtern und über 20 Ehejahren wünschen können.

Und an meinen Gott im Himmel, ohne dich kann ich nichts tun. Danke, dass du mich errettet und erlöst hast.

Endnoten

Einleitung

1 Ada Calhoun, »The New Midlife Crises: Why (and How) It's Hitting Gen X Women«, *Oprah.com*, online unter: https://www.oprah.com/sp/new-mid life-crisis.html (Stand: 19.04.2024).

2 Vgl. »Five Factors Changing Women's Relationship with Churches«, *Barna*, 25.06.2015, online unter: https://www.barna.com/research/five-fac tors-changing-womens-relationship-with-churches (Stand: 19.04.2024).

Kapitel 1 – Der Sirenengesang des Selbst

3 Vgl. Jen Gerson, »The Jennifer Epidemic: How the Spiking Popularity of Different Baby Names Cycle Like Genetic Drift«, *The National Post*, 23.01.2015, online unter: https://nationalpost.com/news/the-jennifer-epi demic-how-the-spiking-popularity-of-different-baby-names-cycle-like-ge netic-drift (Stand: 19.04.2024).

4 Vgl. Susan Gregory Thomas: »The Divorce Generation«, *Wall Street Journal*, 09.07.2011, online unter: https://www.wsj.com/articles/SB10001424 052702303544604576430341393583056 (Stand: 19.04.2024).

5 Vgl. »Sexual Revolution«, Wikipedia, online unter: https://en.wikipedia. org/wiki/Sexual_revolution, (Stand: 19.04.2024).

6 Als Kicker bezeichnet man im American Football den Spieler, der ein Field Goal und damit Extrapunkte nach dem Touchdown erzielt, indem er den Ball über die Torlatte zwischen die Torstangen am jeweiligen Ende des Spielfeldes kickt (Anm. d. Red.).

7 Sherrie Bourg Carter, »Meet the Least Happy People in America«, *Psychology Today,* 17.09.2011, online unter: https://www.psychologytoday.com/us/blog/high-octane-women/201109/meet-the-least-happy-people-in-ameri ca (Stand: 19.04.2024).

8 Vgl. Hilary Brueck, »The US suicide rate has increased 30% since 2000, and tripled for young girls. Here's what we can do about it«, *Business Insider,* 10.09.2018, online unter: https://www.businessinsider.com/us-suici de-rate-increased-since-2000-2018-6 (Stand: 23.04.2024).

9 Ralph Waldo Emerson, *The complete works of Ralph Waldo Emerson: Lectures and Biographical Sketches,* Boston: Houghton Mifflin, 1911, S. 329 (Hervorhebung vom Autor).

10 Karl Marx, »Privateigentum und Kommunismus«, in: Karl Marx, *Ökonomisch-philosophische Manuskripte aus dem Jahre 1844. Geschrieben von April bis August 1844. Nach der Handschrift. K. Marx u. F. Engels,* Werke, Ergänzungsband, 1. Teil, 3. Manuskript, S. 544. (Hervorhebung vom Autor).

11 Dieser Gedankengang stammt aus Timothy Keller, *Glauben wozu?: Religion im Zeitalter der Skepsis.* Gießen: Brunnen Verlag, 2019.

12 Vgl. Charles Colson und Nancy Pearcey, *How Now Shall We Live?,* Carol Stream: Tyndale, 1999, S. 267.

13 Timothy Keller, *Warum Gott?: Vernünftiger Glaube oder Irrlicht der Menschheit?,* 4. Aufl., Gießen: Brunnen Verlag, 2012, S. 62.

14 Keller, *Glauben wozu?,* S. 172.

15 Rosaria Butterfield, *Offene Türen öffnen Herzen: Radikal einfache Gastfreundschaft als Schlüssel für unsere nachchristliche Welt,* Dillenburg: Christliche Verlagsgesellschaft, 2021, S. 75.

16 Johannes Calvin, *Vom Leben eines Christenmenschen,* Siegen: Sola Gratia Medien, 2021, S. 22.

Kapitel 2 – Die Absicht des Schöpfers

17 Die Launch Control ist eine besondere Antriebsschlupfregelung, die ein Sportfahrzeug aus dem Stand so schnell wie möglich beschleunigt, indem sie so durch die Gänge schaltet, dass stets das optimale Drehmoment des Motors genutzt wird (Anm. d. Red.).

18 »Ferrari F488 Pista Spider«, *Ferrari-Webseite,* online unter: https://www.ferrari.com/de-DE/auto/ferrari-488-pista-spider (Stand: 23.04.2024).

19 Alasdair MacIntyre, *Der Verlust der Tugend: Zur moralischen Krise der Gegenwart,* Frankfurt am Main u. New York: Campus Verlag, 2006, S. 288.

20 Glenn Pauuw, *Saving the Bible from Ourselves: Learning to Read and Live the Bible Well*, Downer's Grove: InterVarsity Press, 2016, Kapitel 7.

21 Jen Wilkin, *Frauen studieren die Bibel: Wie wir die Bibel mit Herz und Verstand studieren können*, Waldems: 3L-Verlag, 2022, S. 56.

22 Colson und Pearcey, *How Now Shall We Live?*, S. 140.

23 C. S. Lewis, *Pardon, ich bin Christ: Meine Argumente für den Glauben*, Basel: Brunnen, 2008, S. 55.

24 Augustinus von Hippo, *Bekenntnisse (Confessiones)*, Bellingham: Faithlife, 2022, 1.1.1.

25 C. S. Lewis, *Pardon, ich bin Christ*, S. 55.

26 Butterfield, *Offene Türen öffnen Herzen*, S. 62.

27 Vgl. Butterfield, *Offene Türen öffnen Herzen*, S. 63.

28 Timothy Keller, *Glauben wozu? Religion im Zeitalter der Skepsis*, Gießen: Brunnen, 2019, S. 118–119.

29 Corrie ten Boom, *Die Zuflucht: Corrie ten Boom erzählt aus ihrem Leben 1892–1945*, Holzgerlingen: SCM Hänssler, 2015.

Kapitel 3 – Verwurzelt in Christus

30 Calvin, *Vom Leben eines Christenmenschen*, S. 18–19.

31 Keller, *Warum Gott?* S. 84.

32 Vgl. C. S. Lewis, *Pardon, ich bin Christ*, S. 17–18.

33 John Piper, »What is the Christian Gospel?«, *Desiring God*, 05.06.2022, online unter: https://www.desiringgod.org/articles/what-is-the-christian-gospel (Stand: 15.04.2024).

34 Calvin, *Vom Leben eines Christenmenschen*, S. 17.

Kapitel 4 – Du bist, was du isst

35 Glenn Paauw: *Saving the Bible from Ourselves: Learning to Read and Live the Bible Well*, Downer's Grove: InterVarsity Press, 2016: Kapitel 12, Kindle Edition.

36 Paauw, *Saving the Bible from Ourselves*, Kapitel 7, Kindle Edition.

37 Vgl. N. T. Wright, zitiert bei: Paauw: *Saving the Bibles from Ourselves*, Kapitel 5, Kindle Edition.

38 Joan Huyser-Honig, »Keith Getty on Writing Hymns for the Church Universal«, *Calvin Institute of Christian Worship*, 01.09.2006, online unter: https://worship.calvin.edu/resources/resource-library/keith-getty-on-writing-hymns-for-the-church-universal (Stand: 23.04.2024).

39 Mae Rice, »A New Study Shows the Scary Similarities between Junk Food and Drugs«, *Curiosity.com*, 17.08.2018, online unter: https://web.archive.org/web/20181118123100/https://curiosity.com/topics/a-new-study-shows-the-scary-similarities-between-junk-food-and-drugs-curiosity/ (Stand: 23.04.2024).

40 Christian Smith und Melina Lundquist Denton, *Soul Searching: The Religious and Spiritual Lives of American Teenagers*, New York: Oxford University Press, 2005.

41 Smith und Denton zitiert bei: Albert Mohler, »Moralistic Therapeutic Deism–the New American Religion«, 11.04.2005, Albert Mohler, online unter: https://albertmohler.com/2005/04/11/moralistic-therapeutic-deism-the-new-american-religion-2/ (Stand: 23.04.2024).

42 Mohler, »Moralistic Therapeutic Deism«.

43 Keller, *Glauben wozu?*, S. 70–71.

44 Rachel Hollis, *Girl, Wash Your Face: Stop Believing the Lies About Who You Are So You Can Become Who You Were Meant to Be*, Nashville: Nelson Books, 2018, S. xi.

45 Jared C. Wilson, Beitrag bei X, (Stand: 07.11.2013).

46 James K. A. Smith, *You Are What You Love: The Spiritual Power of Habit*, Grand Rapids: Brazos Press, 2016, S. 97.

47 Keller, *Glauben wozu?*, S. 179.

48 C. S. Lewis, *Pardon, ich bin Christ*, S. 196.

Kapitel 5 – Gegründet in Christus

49 Smith, *You Are What You Love*, S. 12–13 u. 15.

50 Smith, *You Are What You Love*, S. 59.

51 Smith, *You Are What You Love*, S. 3.

52 C. S. Lewis, *Pardon, ich bin Christ*, S. 66.

53 Smith, *You Are What You Love*, S. 88.

54 Wilkin, *Frauen studieren die Bibel*, 50–51.

55 Wilkin, *Frauen studieren die Bibel*, 89.

56 Butterfield, *Offene Türen öffnen Herzen*, S. 138.

57 Vgl. Rosaria Butterfield, *The Secret Thoughts of an Unlikely Convert: An English Professor's Journey Into Christian Faith*, Pittsburgh: Crown & Covenant, 2012.

58 Furman, *The Pastor's Wife*, S. 90.

59 John M. Culkin, »A Schoolman's Guide to Marshall McLuhan«, *Saturday Review*, 18.03.1967, S. 51–53, zitiert in: Stonestreet u. Kunkle: *A Practical Guide to Culture: Helping the Next Generation Navigate Today's World*, Colorado Springs: David Cook, 2017, Kapitel 14, Kindle Edition.

Kapitel 6 – Gefestigt in Christus

60 Os Guinness, *Berufung: Entdecke und folge Gottes Plan für dein Leben*, Leun: Herold, 2023, S. 291.
61 Guinness, *Berufung*, S. 289.
62 Smith, *You Are What You Love*, S. 127.
63 Guinness, *Berufung*, S. 292.
64 Guinness, *Berufung*, S. 292.
65 Calvin, *Vom Leben eines Christenmenschen*, S. 32.
66 Andrew Delbanco, *The Real American Dream: A Meditation on Hope*, Cambridge: Harvard University Press, 2000, S. 25, zitiert aus Keller, *Warum Gott?* S.196.
67 Mark Hallock, Beitrag auf Facebook, online unter: https://www.facebook.com/markehallock/posts/2322280167800150 (Stand: 26.11.2018).

Kapitel 7 – Bleibende Freude

68 Guinness, *Berufung*, S. 351.
69 Dietrich Bonhoeffer, *Nachfolge*, hrsg. v. Martin Kuske u. Ilse Tödt, Bd. 4, Gütersloh: Gütersloher Verlagshaus, 2015, S. 81.
70 Guinness, *Berufung*, S. 347.
71 Guinness, *Berufung*, S. 344.
72 Furman, *The Pastor's Wife*, S. 87.
73 Elvina Mable Hall, *Jesus zahlt die Schuld* (Original: »Jesus Paid It All«), übers. v. B. Sonnenberg und E. Long, 1865.
74 Calvin, *Vom Leben eines Christenmenschen*, S. 37.
75 Calvin, *Vom Leben eines Christenmenschen*, S. 39.
76 Calvin, *Vom Leben eines Christenmenschen*, S. 47–48.
77 Smith, *You Are What You Love*, S. 67.

Fazit

78 Frage 1 aus: *Der kürzere Westminster Katechismus von 1647*, übers. v. Kurt Vetterli, online unter: https://www.epkd.de/wp-content/uploads/2014/01/Westminster-Standards.pdf (Stand: 19.04.2024).

79 D. A. Carson, *For the Love of God: A Daily Companion for Discovering the Riches of God's Word*, Wheaton: Crossway Books, 1998, 2:23.